教育学への道程／発達／トラウマ／精神障害／障害とは／アセスメント／
読字能力／脳と教育／運動／生物時計／他者／身体技法／障害者スポーツ／
身体文化／education／子育て／社会化／動機づけ／授業研究／学力／
外国語の文法指導／学校体育／学問の自由／教員養成／アメリカの教育改革／
教育人類学／協働の経験／子育て支援／中心と周縁／国家と国語／
若者と青年／異文化比較／定住と漂泊／認識枠組／社会的不平等／教育費／
男女平等／働くこと／学びの場／教育と貧困

ともに生きるための
教育学へのレッスン
明日を切り拓く教養

北海道大学教育学部
宮﨑隆志＋松本伊智朗＋白水浩信 編

明石書店

教育学への道程

宮﨑　隆志

教養としての教育学

　大学に入学するまでに、「教育学」という教科や学問を学んだ方はごく少数であろう。近年では現代科学の発展を反映して「○○学」と称する先端的学問が数多く生まれており、そのすべてが高校までに学ばれているわけではないことを考えれば、このことはそれほど驚くには当たらないかもしれない。しかし、教育を「人を育てる」と言う意味で用いるならば、それは人類の誕生とともにあったと言ってよく、その在り方を対象にした学問的模索はギリシャ時代にまで遡ることも可能である。それにもかかわらず、教育学は義務教育や高校教育の中には位置付けられていない。

　「18歳選挙権」を契機に「公共」という教科が設けられ、ロボットや人工知能を活用する時代を見越してプログラミング教育が導入されることは周知のとおりである。このように、高校までの教育課程には、これからの社会を生きる人々の共通教養が反映させられている。そうすると、教育学は共通教養とは言えないことになる。

　もしも、教育学を何かを教えるための技術に関する学問だと考えるならば、それは教師に必要であっても、学習者である生徒や教師を職業として選択しない人たちには必要がないであろう。しかし、先にも述べたように、教育という営みは学校を典型とする教育制度が誕生する以前からあった。むしろ、人類が歴史を構築するために、不可欠の機能であったと言ってもよい。他の動物は環境の変動とともに進化はするが、その活動は世代をまたいでは継承されず、したがって歴史を持たない。人間だけが歴史を持つのは、先行世代の文化を創造的に継承する仕組みとしての教育機能を備えているからである。その意味では、教育を対象にした学は、意識するとしないとにかかわらず、すべての人々にとって必須の学（体系的に知ること）であるはずである。

形成と教育

　とはいえ、「教育学など学ばなくても人は育ち、社会も発展しているでは

ないか」という反論もあり得る。その通り、とひとまず答えたうえで、改めて問いたい、「本当に人は育ち、社会は発展しているのか」と。

　人間は学ぶ力を持っている。他人の経験を自分に反映させ、過去の経験を未来に向けて編集し直すこともできる。それゆえに、人間の様々な活動とそこから生まれる種々の関係は、個々人のパフォーマンスを通じて、その人の「人となり」を形作る。子どもが親の口調で語ることや、会社の文化に馴染んで「一人前」の社員になることなど、例をあげればきりがない。この点に着目すると、人間は能動的に振る舞う自由を持つがゆえに、自分たちが創った社会によって形作られていく生き物であると言ってよい。このような能動的かつ受動的な過程を形成という。確かに、それを通して、社会も再生産され、文化も継承される。

　このような意味では、教育学を学ばなくても人間は形成され、社会も維持できると言ってよい。しかし、形成作用は、時に暴力的に現れる。ここで言う暴力とは、人間の自由を否定し、モノのように操作し、消費し、廃棄することを言う。戦争はその典型であるが、〇〇ハラスメントや虐待のように、暴力性は私たちが構成する日常の中にも潜んでいる。そしてその担い手はほかならぬ人間であり、悲劇的なことに、多くの場合は罪の意識もないままに繰り返されている。

　つまり、形成作用は手放しでは評価できない。人間の人間たるゆえんである自由を、自由の名の下に否定することさえできてしまうのが人間の現実の姿であり、そのような人間が集団的に形成される可能性も否定できない。その事実を踏まえて、私たちは人間形成に関する価値判断を迫られる。

　『星の流れに』という歌謡曲（1947年）の中に、「こんな女に誰がした」という一節がある。戦争によってもたらされた今を嘆く歌詞なのであるが、それでも、今の自分を「こんな私（女）」として観察の対象に置き、「こんな私」になる理由を問おうとする能動性がそこにはある。もちろん、「こんな私」になる過程には無数の力が働いており、理由といっても簡単には説明できない。しかし、この能動性は希望につながっている。自己形成をなりゆきや得体のしれない力に任せるのではなく、自分自身、そして自分につらなる人間について、なんでこうなるのかと問い、どうすればいいのかを考えることによって、私たちはたとえ半歩であったとしても先に歩みだすことができ

る。その探求を共同化し、協働で歩みだすことによって、人間は人間形成の過程をよりよいものにできるという希望を現実的に描くことができる。教育学は、人々のこの努力にルーツを持っている。

理想を語る条件

　先に「本当に育っているのか」という問いを発したが、その問いに危うさを感じた人もいるかもしれない。「本当に、という言い方は、本来あるべき人間像や社会像を前提にしたものであり、そんな理想主義的な考え方が逆に人間を苦しめてきたのだ。教育にまつわるうさん臭さはもうご免だ」という声も聞こえてきそうである。これもその通りとひとまず答えておこう。仮に、世界や人間についての「正解」が教科書に書かれているとすれば、あとはそれをきちんと学習し、実行に移すだけでよいことになる。視野を広げてみると同じような論理が見出される。

　例えば、運転免許を取るときの教則本には、正しい運転のためのルールや方法が記載されている。試験に受かって初めて公の世界（誰にも開かれている共有世界であり、同時にルールが定められた世界）で自動車を運転することができるようになる。違反者には罰則が与えられ、場合によっては免許が取り消される。教科書や学校もそれと同じだと言われれば、どうだろうか？「冗談ではない」と憤慨したくなる気持ちはもっともである。私に関わりのあることにもかかわらず、私抜きで「正しい」あり方を決めて押し付けることはやめて欲しいと主張することに、近代社会は正当性を認めてきた。「私の人生は私が決める」……確かに誰もがそのように願っている。

　この立場を徹底すれば、教育や教育学は価値判断を回避すべきという主張につながるであろう。しかし、人間は一人では生きられない。他者との関わりと区別をとおして自我を形成し、個人でありながら他者の視点で物事を考え、物事を処理できる自己を形作っていく。そのように考えれば、「私の人生」とは、どのような他者（自然も含む）とどのようなつながりを創るのかという物語と考えるべきであろう。そうなると、たとえフィクションとしての小説であっても、登場人物としての他者は独自のキャラクターを持ち、主人公や作者の思い通りには振る舞ってくれない。ましてや現実の他者とのかかわりあいであれば、「私が決める」ことができないことは自明である。

私は私であるはずなのに、様々な人たちとの関係を布を織るように総合することで、ようやく私が成り立つ。実はそれは人間が個体の制約を超えて発達できる理由なのであるが、同時にそれは、ややこしく、時にはどうしようもない悩みを抱え込まざるを得ない構造に人間が立脚していることをも意味する。

　しかし、そうであるがゆえに、人間は相互に理解しようとする。何が必要なのか、何が正しいのかを、勝手に決める特権は誰にもないとすれば、私が私であり、あなたがあなたであるために、私たちは相互に理解することを願う。

　価値観が異なることを承認することと、普遍的な価値の探求を断念することは別の次元の話である。先に述べたように、人間の自己否定につらなる人間形成の在り方について、集団的に振り返り、協働で新たな方向を創り出す実践の中で、普遍的な価値は検証され、徐々に確実なものとして生成するであろう。例えば、戦後直後には、戦争を正当化した人間形成の在り方が反省され、平和という価値が教育の方向性として探求された。暴力が日常に埋め込まれた現代においては、誰もが穏やかに生きる（井上ひさし）こととしての平和の概念がより一層重要な価値になっている。

教育学への長い道のり

　格差が拡大し、人生モデルも不透明になり、明日の希望を語るよりも、今日を生きることが精いっぱいという現実は否定できない。しかし、そうであるがゆえに、教育学はすべての人々の教養にならねばならない。希望を描くことは人間にのみ許された権利である。どうしようもない現実に圧し潰され、声を奪われるのではなく、逆にそこに希望の源泉を見出す知がすべての人々に保障されなければならない。そのような知を体系化するには膨大な努力と長い時間がかかる。

　本書は教育学へのレッスンと名付けられている。しかし、それはあなたを「正解」に導く手ほどきなどという意味ではなく、希望の学としての教育学への長い道のりを歩む私たちが学んだ知を意味している。この道程を共に歩もうとする方々が一人でも増えることを願っている。

ともに生きるための
教育学へのレッスン 40
──明日を切り拓く教養

目　次

　　　　　　　　教育学への道程　　　　宮﨑 隆志　3

I　こころと身体

　●発達●
1　発達するとは良いことばかりではない　　　加藤 弘通　14
　●トラウマ●
2　どんな辛い出来事も時間がたてば楽になるのか
　　　──トラウマという問題　　　　　渡邊 誠　18
　●精神障害●
3　精神障害者を多様性にひらく　　　　松田 康子　22
　●障害とは●
4　「障害」はどこにある。ヒトの中？ それとも……？　　安達 潤　26
　●アセスメント●
5　子どものアセスメントにおける難題　　　岡田 智　30
　●読字能力●
6　文字を読むということ　　　　　　　関 あゆみ　34
　●脳と教育●
7　脳と視覚世界との関わり　　　　　河西 哲子　38
　●運　動●
8　運動と疲労　　　　　　　　　　　柚木 孝敬　42
　●生物時計●
9　健康に深く関わる生物時計のふしぎ　　山仲 勇二郎　46
　●他　者●
10　ヒトが他者と関わるしくみを明らかにする　　阿部 匡樹　50
　●身体技法●
11　身体技法：教育をからだの次元から考える　　石岡 丈昇　54
　●障害者スポーツ●
12　障害者スポーツの可能性とできない身体の創造性　　山崎 貴史　58
　●身体文化●
13　身体文化のポリフォニー　　　　　池田 恵子　62

　　■ブックガイド（各レッスンの推薦図書）　　　　　66

Ⅱ　学びと教育

- **education**
  1. educationは能力を引き出すことか　　　　　　　　　　白水 浩信　72
- **子育て**
  2. 子どもを育てるのは誰か　　　　　　　　　　　　　　川田 学　76
- **社会化**
  3. 子どもは大人を社会化するか　　　　　　　　　　　　伊藤 崇　80
- **動機づけ**
  4. やる気を理解すること　　　　　　　　　　　　　　　大谷 和大　84
- **授業研究**
  5. 授業における学び――授業を研究する　　　　　　　　守屋 淳　88
- **学力**
  6. 学力は、自分の努力の結果か　　　　　　　　　　　　上山 浩次郎　92
- **外国語の文法指導**
  7. 外国語（英語）の文法指導の内容に関して
     ――場所を指示する表現を含む文の場合　　　　　　大竹 政美　96
- **学校体育**
  8. 学校体育に「スポーツ」は必要か　　　　　　　　　　崎田 嘉寛　100
- **学問の自由**
  9. 「学問の自由」は研究者の自由か　　　　　　　　　　光本 滋　104
- **教員養成**
  10. 大学における教員養成をどのように理解すれば良いか　張 揚　108
- **アメリカの教育改革**
  11. アメリカの教育改革の光と影　　　　　　　　　　　　篠原 岳司　112
- **教育人類学**
  12. 文化的に適切な教育は可能か　　　　　　　　ジェフリー・ゲーマン　116
- **協働の経験**
  13. 協働の経験が生み出す思想　　　　　　　　　　　　　宮﨑 隆志　120
- **子育て支援**
  14. 近代家族規範をこえて子育て支援を考える　　　　　　丸山 美貴子　124

■ブックガイド（各レッスンの推薦図書）　　　　　　　　　　　　128

III　社会と文化

- 中心と周縁
1. フロンティアを／フロンティアから考える　　北村 嘉恵　134
- 国家と国語
2. 一つの国家、一つの国語という「常識」　　近藤 健一郎　138
- 若者と青年
3. 「大人になる」とはどういうことか　　辻 智子　142
- 異文化比較
4. 中世ドイツの「後朝の歌」を日本文化の目でとらえなおす
　　　　寺田 龍男　146
- 定住と漂泊
5. 幸福を求めて民(たみ)が生きた古(いにしえ)の世　　保延 光一　150
- 認識枠組
6. 世界の見え方を決めるもの――認識枠組と文化装置　　土田 映子　154
- 社会的不平等
7. 教育と社会的不平等の関連を解明する
　　　　――新しい論点と課題　　小内 透　158
- 教育費
8. 教育費を負担するのは誰か　　鳥山 まどか　162
- 男女平等
9. 職場を男女平等にするには何が必要か　　駒川 智子　166
- 働くこと
10. 学ぶことと働くことはどのような関係にあるのか　　上原 慎一　170
- 学びの場
11. 「学校」を超える学びの場　　横井 敏郎　174
- 教育と貧困
12. 教育は貧困をなくせるか　　松本 伊智朗　178

■ブックガイド　（各レッスンの推薦図書）　　182

あとがき　　185

索　引　　187

I

こころと身体

教育学へのレッスンは、のっけから皆さんを混乱させるだろう。
　ある者は、「発達すると問題が起きる」と述べる。「えっ？　発達するって、良いことなんじゃないの？」と思う。でも、よく考えてみると、成長にともなって新しい壁にぶつかった経験に思い当たる。小学１年生のときは「ハイ、ハイ！」と手を挙げていたのに、４年生になったら挙げられなくなった。ほんとうは、自分の考えを言ってみたかったのだけれど。「発達する」とは、そもそもどういう意味なのだろう。
　べつの者は、「障害はどこにあるのか？」と問う。「えっ？　障害ってその人の身体とか、脳とかにあるんじゃないの？」と思う。でも、メガネやコンタクトレンズを使っている人なら気づくかもしれない。もし、その道具を奪われたら、私は今日から「障害者」になるだろう。障害と非障害の境界は、どこにあるのだろうか。
　「体育座りが社会的秩序をつくる」と言う者もいる。これは何となくわかる。学校で体育座りをして並んでいる光景は、整然としているから。しかし、自分は今でも体育座りをしてしまう。学校でもないのに、友だちと家でコーラでも飲んで音楽聴いて、くだらない話をしているのに、気づいたら体育座り。その姿勢が心地よくなっている自分に気づく。よく考えてみると、こわいような気もする。
　第Ⅰ部は、「こころと身体」をテーマとしている。良きにつけ悪しきにつけ、教育はこころと身体を形づくる。では、その対象たるこころと身体はどこにあるのか。身体は、ひとまず、どこにあるのか実感がある。見えるし、触ることができるからだ。では、こころはどうか。だいぶぼんやりしているだろう。「脳に？」あるいは「心臓に？」と考えてみても、パッとしない。見えないし、触れない。部活の引退試合で、惜しくも敗退し、仲間と抱き合って泣いたとき、感謝や悔しさは実にリアルだった。自分にも、集団のあいだにも、こころが動いて存在しているという手ごたえがあった。しかし、いまはもうそのリアリ

ティを思いだすことができない。モノは、時間が経過してもその物理的性質を一定持続するが、こころは泡沫のようなものなのか。

　しかし、犯罪被害者は「私たちの時間は、あの時から止まったままだ」と述べるという。時間が経っても、当時の記憶がまざまざとよみがえり、苦しい身体症状に悩まされてしまう。身体の障害とちがって、"傷"は見えないから、理解されにくい。そこで、トラウマ（心的外傷）という構成概念を立てることによって、見えないこころにアプローチする道を開こうとする分野もある。

　近年は、こころの働きを「見える」ようにする方法もある。脳波や脳内の生理過程を画像化する技術がそれである。脳内の物理的活動は、それ自体を"こころ"とみなすことはできないが、随伴して起こる知覚・認知・行動現象等との関連を探ることによって、こころの世界の一端に迫ろうとする。

　さて、先ほど「身体は見えるし、触ることができる」と述べた。しかし、教育学へのレッスンは、そのように感覚として把握できる身体観を超えることを求める。「身体は、歴史的に精神との闘争に敗れてきた」との奇才の言を紹介する者もいる。この構図は、近未来におとずれるだろうAI（人工知能）と人間の闘争の予知夢であったかもしれない。我々の身体は、生物学的に解析されるだけでなく、歴史的対象として思考されることを待っているのだ。

　第Ⅰ部では、自然科学的手法を用いた基礎研究から実際の支援活動を視野に入れた実践研究まで、心身めぐる諸問題を多角度から取り上げる。ただし、基礎研究や実践研究は、ともすると研究対象やテーマの歴史性や政治性を見失うことがある。そのため、こころと身体という概念についての人文・社会科学的な根本考察が不可欠となる。第Ⅰ部全体を読み通した後で、皆さんが「こころと身体」について頭がこんがらがってわからなくなることを期待している。

（川田　学）

発 達

1 発達するとは良いことばかりではない

加藤 弘通

キーワード：発達、問題行動、思春期、いじめ、自殺

1．発達とは？

　発達というと、どんなことを思い浮かべるだろうか。ある人は身体の成長を思い浮かべるかもしれない。別の人は勉強ができるようになるなど学力面を、また別の人は相手の気持ちを考えて行動できるようになるなど、より心理面を思い浮かべるかもしれない。最大公約数的に考えるなら「できないことができるようになること」、また「なんとなく良くなっていくこと」をイメージする人が多いのではないだろうか。もちろんこれらのことは発達心理学の教科書をみれば、すべて書かれており、その意味で確かに発達である。しかし、発達には、教科書にも見逃されがちなもう1つの側面がある。それを知るために、次のグラフを見てもらいたい（図1）。

　図1は年齢別に10万人あたりの自殺の発生率を示したものである。例えば、10代以下に注目してみると、15～16歳では10万人あたり男性では11.1人、女性では4.3人、同様に10～14歳では男性では2.1人、女性では1.6人、自殺していることを意味している。さらに5～9歳、0～4歳では男女ともに0人となっている。そして、このグラフから発達に関してわかることは「私たち人間は10歳前後にならないと自殺することができない」、言い換えるなら、「発達することで自殺が可能になる」ということである。つまり、発達とは良いことばかりではなく、発達することで問題も起きてくるということである。

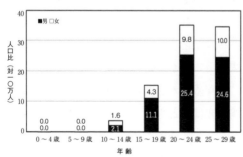

図1　年齢別の自殺率（厚生労働省、2018）

2．発達することで問題が起きる

　発達することで問題が起きるということを、もう少し詳しく考えてみよう。

先ほど10歳前後に自殺が可能になると述べたが、この10歳前後というのは、教育現場では「9・10歳の節(ふし)(あるいは壁)」などと呼ばれ、子どもの発達が著しく飛躍する時期であると考えられている。専門的にはこの時期に「二次的信念」という力が獲得され、他者の気持ちをより深く考えられるようになる。もう少し正確にいうと、二次的信念とは「私があなたのことをどう思っていると、あなたは思っているか」ということを考えられる力である。日常的には「私があなたのことを好きだということが、あなたにばれてしまってないだろうか」といった恋愛の駆け引きなどに必要となる力である。

　この力は、一見すると、相手の気持ちを深く考えられるようになって良いことのように思うかもしれない。しかし、この力がつくことによって、同時にこの時期に深刻化する問題もある。**いじめである**。というのも、相手の気持ちを深く考えられるようになるということは、その力を悪い方向に使えば「どうすれば相手がよりダメージを受けるか」も深く考えられるようになるからである。また「私（加害者）があの子（被害者）のことをどう思っていると、先生は思っているか」も考えられるようになるため、教師の目から巧みにいじめを隠す力にもなりえる。こうして「相手の気持ちを深く考える」という発達は、いじめを深刻化させる力にもなるのである。

　実はこのように考えると「発達とは良くも、悪くもない」ということがわかるだろう。大切なのは環境である。つまり、こういう力がついてきたときに、子どもが相手の気持ちを考え、助け合い、それを支持してくれる人がたくさんいる環境であれば、それを良い方向で発揮する子どもも増える。しかし、自分がいじめをしなければ、いつ被害に遭うかわからない。また被害に遭っても周りの大人は頼りにならないという環境に置かれていたなら、それを悪い方向に使う子どもたちも増えるだろう。つまり、発達とは、子ども個人のなかにあって、決まるものではなく、環境との関係によって決まってくるものなのである。

3．問題の中に発達の可能性をみる

　発達することで**問題**が起きるということは、逆に考えると、問題も必ずしも悪い面ばかりではないということになる。再び10歳の節（二次的信念の獲得）を例に考えてみよう。この力は対人関係のみならず、学力にも関係する。

例えば、10歳ごろ、つまり小学4年生で習う教材として『ごんぎつね』がある。

　内容をごく簡単に紹介すると、小ぎつねのごんが、兵十さんにいたずらをする。兵十さんはごんをこらしめてやりたいと思っている。ところがある日、ごんがいたずらをしてやろうと兵十さんの家にやってくると、母を亡くして元気をなくしている彼の姿を見る。心を入れ替えたごんは彼を元気づけてやるために、栗やうなぎをこっそり彼の家に投げ入れる。兵十さんは、ごんがくれたとは気づかず、それを食べて元気になり、再びごんの存在が気になりだし、物陰に隠れて銃でごんを撃つ。撃った後に「やった」といわんばかりに駆け寄るが、ごんの周りに食べ物が落ちているのをみて、愕然として銃を落とす……。

　この話の悲劇的な結末は、実は二次的信念が獲得されていないとうまく理解することができない。つまり「ごんが兵十さんのことをどう思っていたか、兵十さんがどう思ったか」を理解する必要があるということである。このように二次的信念は、教材を深く読み込む力にもなり、学習を推し進める力でもあるのだ。

　まとめると「相手の気持ちを深く考える」という力は、「優しくなれる」力になる一方で「いじめる」力にもなり、はたまたより深い学習へと誘う力にもなるということである。したがって、いじめが起きたとき、もちろんそれを止めることは必ずしなければならないことである。しかし、発達を学んだ者には、さらに一歩踏み込んで「いじめを起こせる力にはどのような発達が関係しており、それを良い方向にもっていくためには、どのような教材や教育活動を組むべきだろうか」と**問題行動**の中に発達の可能性を見いだしてもらいたいと思う。

4．思春期になぜ自尊感情が下がるのか

　最後に私たちが行った発達と問題に関する研究を1つ紹介しよう（加藤ら、2018）。それは「**思春期になぜ自尊感情が下がるのか**」という問題を扱った研究である。自尊感情とは「自分に満足している」「自分のことが好きである」といった質問で調べられる感情のことで、日本の子どもたちは諸外国と比較してとりわけ低いことが問題視されてきた。特に思春期の低下は著しく、これは日本に限らず多くの国でみられる現象である。

それではなぜ思春期に自尊感情が低下するのか。これに関しては、心理学的にはいくつかの仮説が考えられてきた。1つは身体的要因で、身体が大人になることへの嫌悪感や違和感である。もう1つは、認知的要因で、この時期に、他者と比較したり、批判

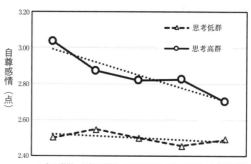

図2 思考の発達と自尊感情の変化（加藤弘通他、2018）

的に物事を捉えられるようになったりするということが関係しているとするものである。しかし、それを示すデータはなかった。そこで私たちは中学生の自尊感情を追跡する調査を行い、身体的要因ではなく認知的要因が関係している可能性が高いことを突き止めた。図2は中1の1学期の思考の発達具合で、思考が深まっていた群（思考高群）と深まっていなかった群（思考低群）に分け、その後の自尊感情の変化を示したものである。思考高群のほうが自尊感情の低下が著しいことがわかるだろう。

つまり、思春期に自尊感情が下がるという問題の背景には、思考の発達が隠れているということである。したがって、この時期、自分に自信がもてないと思うようなことがあれば、無理にそれを上げようとするよりも「あぁ今、自分の頭がバージョンアップしてるんだな」と思ってほしいというのが私たちの研究からの回答だ。

今、日本では学校の先生や政治家をはじめとする大人たちが、日本の子ども・若者の自尊感情が低いことを問題視し、それを上げようと躍起になっている。一見すると確かにそれは良いことのように思えるかもしれない。しかし、発達を学べば、それが本当に良いことなのか、また違った視点から考えられるようになる。この「見方を変える」ということに単に知識を得るということを超えた、大学で学問する意義があるのである。

■主な引用・参考文献
　加藤弘通・太田正義・松下真実・三井由里（2018）「思春期になぜ自尊感情が下がるのか」『青年心理学研究』30, 25-40頁
　加藤弘通・岡田智（2019）『子どもの発達心理が気になったら　はじめに読む発達心理・発達相談の本』ナツメ社

2 どんな辛い出来事も時間がたてば楽になるのか
──トラウマという問題

渡邊　誠

キーワード：ストレス、トラウマ、記憶の風化、回復

1．生きていく上での、辛いこと、苦しいこと、悲しいこと

　私たちが生きていく上で、辛いこと、苦しいこと、悲しいことは、ある程度避けることができない。日常的な問題に関してももちろんだが、生きていく上で最大の心理的ストレスがかかるとされる、近しい人との死別も、ほぼ避けられない。例えば、医療と衛生状態が良好な先進国の現代日本に生きていると、自分の子どもと死に別れるという、極度に辛く悲しい経験は、幸いにも稀なこととなっていよう。しかし、ヒトは自然状態に近ければ、乳幼児の死亡率が高い生き物である。縄文時代の平均寿命が男女とも16歳くらいだったのは、乳幼児死亡率の著しい高さ故とされる。日本では8世紀でも乳幼児の死亡率が半分ぐらい、18世紀では子どもが16歳まで生存する割合は、10人中5、6人だった。江戸時代の合計特殊出生率（一人当たりの女性が生涯に産む子どもの数）は5程度と言われる。これは自分の子どもの死に出会うことが、標準的な人生コースであったことを意味する。

2．ヒトに備わっているストレス対処法

　このようにして、最強度のストレスをもたらすとされる出来事でさえ、かつては避けがたいものであった。ヒトが生き延びてこられたのは、そういったストレスを何らかの形で軽減解消する術を発達させてきたからである。ストレスがどんどん蓄積すれば、様々な問題が生じるのみならず、最終的には死に至る。ストレスは生き物的に避けられないものであるから、対処法も生き物的に備わってきたと考えていいだろう。その最も強力なものは、睡眠であると言われている。かなり大変な精神的疾患を抱えている場合でも、睡眠が保たれているうちは大丈夫なことが多いと、精神科医療の経験は教える。その他にも、ストレスの源となっている事柄を合理的に取り除く、それを攻撃によって取り除いたり弱めたりする、他者と支えあう、といった対処法を、

私たちは持っている。また、私たちの精神には、辛い経験も時が経てば、その記憶が薄らいでゆく、という作用が備わっている。時間による**記憶の風化**作用だ。ヒトに生き物的に備わった対処法の1つ、と言ってよさそうだ。

3. トラウマ（心的外傷）という事態

では、これらの様々な対処法は、どれほど辛い、苦しい、悲しい出来事であっても、有効なのだろうか。そんなことはない。どんなに強靭な人でも、限界はある。そのことは、この世の極限であるナチの強制収容所から生還した人たちに対する調査で、明らかになったと言われている。普段の日常では生じないような、一定限度を超えた心理的負荷がかかると、ヒトの心と身体は、それまでとは異なった反応を示す。具体的には、大事故、大災害、犯罪被害、虐待などを体験することによって生じる。これを**トラウマ**（心的外傷）と呼ぶ。現代日本で大事故や大規模災害の後に行われる「こころのケア」は、このトラウマへの対処を指す。

災害や犯罪が古くからあったことを考えると、トラウマは人類の歴史とほとんど同じ長さの歴史を持っているだろう。しかし、心理学や精神医学の領域でトラウマが注目されるのは、19世紀のヨーロッパが最初である。当時の最新科学技術によって登場した鉄道の事故により、それまでにない大量の死傷者が生じるようになったことを端緒とする。そして、大量破壊兵器が大規模に使われるようになった第一次世界大戦の凄惨な戦闘体験の中で、多くの兵士が「戦争神経症」と呼ばれる精神疾患に罹患したことで、さらに注目を集める。しかし、その後、しばらくすると、トラウマの問題は急速に忘れ去られてしまう。トラウマは通常、凄惨な体験により生じる。あまりに凄惨なので、私たちの心には、それから目を背けたいという気持ちが生じる。それ故、トラウマに対しては、常にそれを覆い隠そうという力が、個人の心埋から社会に至る様々なレベルで働く。トラウマの歴史には、関心の高まりと、急速な忘却が交互に現れる。現在に至るトラウマへの関心は、1960年代の米国におけるベトナム戦争帰還兵の心理的後遺症と、女性解放運動による女性に対する暴力の告発に始まる。精神医学、心理学の領域で正式に認知されるのは、1980年の米国における精神科診断と統計マニュアル第三版においてである。日本では、1995年の阪神・淡路大震災と地下鉄サリン事件以降、

急速に注目されるようになった。トラウマは、古くて新しい問題である。

4．トラウマ（心的外傷）とはどんな状態か

　トラウマにおいては、私たちの常識を超えたことが起こる。時間による風化作用が非常に起こりづらい。大災害被災者、犯罪被害者遺族が、「私たちの時間は、あの時から止まったままだ」と言うのは、比喩ではない。言葉通りの意味と理解するべきだ。トラウマの記憶は、数十年を経て変わらない場合がある。周囲がそのことを理解せず、当事者が胸に秘め続けることは多い。また、当事者も、そのことに触れられない。例えば、しばしばそのことについて語ることができず、関連する事柄を避けてしまう。これは、トラウマとなった出来事に触れること、思い出すことにより、その出来事を再びありありと体験してしまうからである。心の中に、薄皮一枚隔てて地獄の池があり、それが時々大氾濫を起こすようなものだ。そして、トラウマとなる出来事は大きな危機だから、多くの場合、心身は最大限に出力を上げて対処しようとする。ネコが敵に対して、体中の毛を逆立てて威嚇するようなものだ。心も身体も研ぎ澄まされて、極度に敏感になる。トラウマになると、その状態が元に戻らない。神経が過敏になる、眠れない、ひどくイライラする、といったことが起こる。そして、しばしば非常に否定的、悲観的な物事の捉え方が現れる。世の中は危険なことばかりだ、人間は誰も信ずるに足らない、自分の将来には悪いことしか起こらない、などだ。想像を超えるような辛い状態だ。当事者の手記は衝撃的であり、胸に迫る。

5．トラウマからの回復

　では、私たちの日常的な対処能力を超え、時が癒さないトラウマは、治らないのか。そんなことはない。まず、人の心身には自然回復力というべきものが備わっており、様々な困難に際して働く。トラウマの場合にも働く。巨大災害の後は、ほとんどの人がトラウマ症状を示すが、多くは一過性であって半数以上は半年以内に回復する。トラウマが、異常な事態に対する正常な反応と呼ばれる所以である。現在におけるトラウマ対処の第一は、この自然回復力が充分に発現するような条件を整えることに、主眼が置かれている。心身を安定させる様々な方法が行われている。また、自身のトラウマ

症状に関して理解することで気持ちが落ち着き、回復が進む。トラウマ症状は、それと知らずに体験すれば、自分は頭がおかしくなってしまったのではないかと思って不思議ではなかろう。こういった方法で充分な改善が起こらない場合は、より積極的な方法がある。トラウマは、風化しない記憶がその苦しみの本質であるという理解に基づき、トラウマ性の記憶を処理して、通常の記憶にしようとする治療法がある。現時点で、最も有効性が高いとされている持続エクスポージャー療法は、そういうものだ。トラウマ記憶が通常の記憶のように風化しないのは、それを避けることで風化する機会が無いことによる、避けずに繰り返し直面することにより風化が起こり、通常の記憶になる、と考える。トラウマ記憶に触れるのは大変なことだから、段階を踏み、セラピストとの密接な協力関係の下に行われる。トラウマ記憶が処理しやすい脳の状態をつくり出して、風化を進めるという方法もある。かなりの速度で左右に振られる指を目で追いながらトラウマを扱うことを基本とするEMDRがそれだ。二つの方法とも高い有効性が確認されている。そのほかにも、様々な方法が考えられ、実践されており、高い効果を示しているものは多い。

　どんな出来事を経験しても、時間が経てば楽になるというわけではない。だが、方法はある。トラウマは回復する。少なくとも、その希望はある。

■主な引用・参考文献
　森茂起（2005）『トラウマの発見』（講談社選書メチエ）講談社
　中井久夫（2009）『精神科医がものを書くとき』（ちくま学芸文庫）筑摩書房

精神障害

3 精神障害者を多様性にひらく

松田 康子

キーワード：精神障害、多様性、生き抜く、ケア、ネガティブ・ケイパビリティ

1. 障害者権利条約にある「多様性を認め」とはどういうことか

　2014年、日本もようやく障害者権利条約の批准国となった。この条約の前文には「多様性を認め」とあり、「地域社会への包容」が謳われている。

　障害者に対する排除や差別の歴史が横たわっているがゆえの条約文である。したがって、「排除をしない」ことが「多様性を認め」、「地域社会への包容」を可能にする道のりと言える。「多様性を認め」とは、もう少し踏み込むならば、病気であろうと障害が生じている状態であろうと、そのままに人として認められ尊重され、世間から排除されない権利があることを示している。

　病気や障害（機能障害・能力障害・社会的不利）は、個体内に存在するのではなく、環境との関係によって生じうる状態を指すことが、WHO（世界保健機関）の提唱するICF（生活機能分類）によって示されている。ICFのモデルに沿えば、互いに「多様性を認め」合うことにより、少なくとも地域生活において社会参加を制約する社会的不利が解消の方向へ向かうことが期待できるだろう。

　「多様性を認め」るとは、心がけの問題ではない。**精神障害とりわけ統合失調症を抱える人たちの地域での暮らしは、依然、厳しい状況が続いている**。日本の精神科医療は、入院病床数も削減されぬまま、一定の条件が揃えば退院可能という社会的入院も解消されぬまま、世界一の精神科病床数を保持し続ける大きな課題を抱え、今や、認知症を抱える高齢者の看取りの場にすらなりつつある。

2. 精神障害を多様性として受けとめようとするとき

　日本の精神科病院は、精神障害者を地域から排除する際の器として機能してきた歴史を持つ。こう断言すれば、たちどころに医療者は治療機能をないがしろにするのかと反論するだろう。治療機能を否定するつもりはない。しかし、もう一方で、戦後、天皇行幸の際、オリンピック開催の際にホームレ

スの人々が精神科病院に収容されていった事実を見逃すわけにはいかない。

　現役を引退したある看護師は、学童期に国鉄の駅舎を住処にしていた物乞いの人たちを見知っていた。そして、その人たちを精神科病棟で発見した時の衝撃をインタビュー調査で語った（松田 2019）。障害を理由に不妊手術を施してきた事実もまた、排除の歴史である。調査によると、障害者に対して施された不妊手術の実施件数は、宮城県 900 件、次いで北海道は 821 件である（子ども家庭局母子保健課 2018）。この中に精神障害者も含まれている。私は、長い入院歴を持つ外来男性患者さんに、歳の差婚のお祝いを告げたとき、大きな目を瞬きさせる新妻を横におき、あっさりと「僕はね、パイプカットしてるからね。」と、返されたときの光景が忘れられない。

　精神障害者は、地域での暮らし──生活の苦労や子育ての苦労を含め──機会そのものが奪われてきたのである。排除され入院病棟という囲われた空間に分離されて生きてきたがゆえに、地域に住む多数派の人たちもまた、精神障害者の多様性を知るすべもなく暮らしてきたと言える。そのままに認めるような認識が育つ環境が整っているとは言いがたい現状があるのだ。出会う機会があれば、啓蒙の機会があれば、といった安直な解決策が思い浮かびそうだが、ことはそう簡単ではない。

　私は、大学の講義に精神障害者当事者をゲストとして招き、ご自身の体験を語っていただく機会を設けている。当事者からの発信こそ意識の変容に説得力を持つと信じて実施してきたが、ここ最近、学生の感想に変化が見られるようになってきた。それは、偏見・差別を受けた社会への憤りや悲惨な状況をストレートに伝えても、一部の学生の中には受けとめるどころか、自己責任論や「他にも辛い状況にある人たちがいるのに」、といった反論めいた感想が控えめながら出てくるようになったのだ。多様さを差し出せば、自ずと多様性を認めあう環境が導かれるわけではない。

　ゲストが語る物語の中には、満たされぬ性欲がテーマになることもあった。露骨な猥談をついしてしまい、怒られたというエピソードから、性欲を満たすこともままならない現状もわかってほしい、と語ったところで、セクハラとの境界線に惑い、当惑する気持ちを聴衆が持ったとしても理解できなくはない。先に紹介した看護師は、排除の歴史に抗して臨床に携わってきたものの、それを意識したところで、精神障害者のちょっと厄介なマイナス面にも

意識がいき、「内部矛盾ね」と自分の中の戦いを語った（松田 2019）。

　多様性への寛容といったとき、躍動するパラリンピックの選手たちや高い芸術性が評価された障害者たちによって、受け入れやすい障害者イメージが演出されていく傾向があるように思われる。しかし同時に、多数派の人たちにとって未だ、経験してこなかったこと、慣れていないこと、受け入れがたくもあることにまで多様性が開かれていくのかが今後、試されてもいくのではないだろうか。励ましや癒しだけ求め、それ以外を受け入れないとしたら、虫のいい話である。まさに精神障害者を多様性に開くといった場合、このような、決して綺麗ごとでは済まされない現実に直面せざるを得なくなってくるのである。

　反社会的なハタ迷惑な行動は例外だろうという声が聞こえてきそうである。果たして、多様性への寛容は、社会的な許容範囲、つまりは多数派にとっての許容範囲という境界線を必要とするのだろうか。私が考える境界線は、究極的には排除を意味する、隔離、殺人、暴力である。こうした排除に対してのみ非寛容は貫かれる。ハタ迷惑という境界線は、多数派中心に編まれてきた慣習や、偏見・差別のまなざしがバリアになって引かれている場合もある。私は、この境界線は先に設定し固定させるものではなく、地域構成員同士で互いに探りあて試行し続けるプロセスの中に動的に存在するものなのではと考える。「そばにただ居るだけでいい」とかつて当事者組織のリーダーが言っていたことを思いだす。しかし、それすらも、たやすいことではない。答えが定まらないはっきりしない曖昧さの中に漂う力とされる**ネガティブ・ケイパビリティ**がここで試される。

3．多様性として受けとめることはケアの営みと対立するか

　さて、ケアの担い手が、ケアの受け手に対して多様性に開かれるとはどういうことだろうか。哲学者のメイヤロフ（Mayeroff 1971）は、ケアとは成長への助力であり、自己実現することを助けることと述べている。成長とは、できないことができるようになっていくということではなく、その人がよりその人らしくなっていくということであると私は理解をしている。

　とかく支援の場における回復や治療は、元に戻り多数派に近づくことを、ケアの担い手も、受け手も、暗黙のうちに望んでいる場合が多いように思わ

れる。しかし、ケアとは本来個々の多様性が開花していくことへの助力なのである。

4．精神障害者の生きられた経験の多様性を掘り起こす

　私は現在、30年ほど前からお世話になっている精神障害者回復者クラブの協力を得て、「精神障害を生き抜くとはいかなることか」という問題意識に基づき、一人一人の物語を丁寧に扱い、一事例報告という形でまとめ、積み重ねていく研究に取り組んでいる。

　精神障害者の体験を聴きとるというような研究はすでに発表もされているが、過去の研究論文を検討すると、受け手が安心するような、期待するような物語の提示となり、その成果は下手をすればモデルと受けとめられ多様さを認め難くさせ、包摂どころか、条件を満たさないものの排除を招きかねない危惧を抱くものでもあった（松田2018）。先に述べたようなケアの視点に欠けた支援志向が、ケアの担い手には依然としてあるからなのかもしれない。

　それだけに、私は今、多様さを認め合う社会の創出が求められていく現代であるからこそ、精神障害者が多様さに開かれていく「生きられた経験」の物語の集積が、改めて求められていると考えている。インタビューという研究方法を用いた一事例報告は、たった一つの事例から何が言えるのかという限界を指摘され、一般化を引き合いに評価されない傾向が心理学研究領域にはある。私の研究は、こうした学術界に対する研究方法上の挑戦でもある。

■主な引用・参考文献

松田康子（2019）2019年インタビュー調査から（未発表）

子ども家庭局母子保健課「旧優生保護法関係資料の保管状況調査の結果について　総括表2」2019年3月3日 https://www.mhlw.go.jp/content/11925000/000484440.pdf

松田康子（2018）「精神障害者当事者の経験に着目した質的研究に関する批判的検討」『北海道大学大学院教育学研究院紀要』第132号、149-165頁

松田康子（2019）「『精神障害を生き抜くとはいかなることか』を多様性にひらく——第1報　にいちゃんへのインタビューから」『臨床心理発達相談室紀要』No.2, 67-90頁

メイヤロフ，ミルトン（1993）『ケアの本質』田村真・向野宣之訳、ゆみる出版、13頁

4 「障害」はどこにある。ヒトの中？ それとも……？

安達　潤

> キーワード：特別支援教育、ICF（国際生活機能分類）、社会的障壁、共生社会、インクルーシブ社会

1．旭山動物園が教えてくれること

　皆さんは旭山動物園を知っているだろうか。来園者の減少による閉園寸前の状況から「行動展示」という発想の転換で一躍、日本一有名になった旭川市の動物園である。私は、その閉園寸前の旭山動物園に行ったことがある。狭いプールの中であざらしがじっとしていて、低い壁面の丸窓越しに顔を見合わせたが反応はない。早々に次の展示へと移動した。その後2001年から私は旭川に住むことになった。再訪した旭山動物園はぺんぎん館オープンの翌年。行動展示が始まっていた。水中トンネルから観るぺんぎんは、園のキャッチコピーそのままに水中を飛んでいた。行動展示とは、その動物本来の野生の能力を十分に発揮できる環境を提供することで、その動物本来の姿を展示する方法である。2004年にオープンしたあざらし館では、上下の水槽をつなぐ透明パイプを往き来するだけでなく、パイプの中から来園者を楽しげに見やるあざらしの姿があった。行動展示は、旧来の動物園の日常では私たちが知り得なかった動物の姿を見せてくれた。

　「どちらが本当の姿？」などという野暮な疑問は抱くなかれ。「本当」という言葉の相対性と曖昧性を置いてザックリと語れば、どちらも、その動物の本当の姿である。ただし、確実に感じられたことがある。行動展示の環境にある動物は圧倒的に活き活きしていて、健康で幸せそうに見えた。

2．「障害」という言葉のイメージ

　「電波障害」という言葉に、皆さんはどういったイメージを抱くだろう。少し考えてみてほしい。では、もうひとつ。「歩行障害」という言葉に抱くイメージを少し考えてみてほしい。これらの言葉にかかわる「障害」イメージに、なにか違いを感じるだろうか。

　一般的に、電波障害とは、近くに高層マンションが建ってからテレビの映

りが悪い、ビルの中心部の部屋では4Gがつながりづらい、等々である。このような状況ではテレビや携帯の不具合を思う前に、「マンションの屋上に中継アンテナがあればよいのに」、「このビルはつながらないね」となるだろう。では歩行障害ではどうか。例えば、車椅子に乗っている人を見て素朴に感じることは「あの人は歩けないんだなぁ」となるだろう。だから階段で立ち往生していれば、車椅子を運ぶ手伝いを買って出ることになる。

同じ「障害」という言葉でも、電波障害の場合には外側に原因があるように感じ、歩行障害の場合には内側に原因があるように感じる傾向がある。しかし、先の車椅子の例では、次のようにも考えられる。つまり、「車椅子があれば移動できる」、「車椅子を運ぶ誰かがいれば階段も往き来できる」ということである。この言い換えは単なる言葉遊びのように感じるかもしれない。でも実は、人の育ちに大きな意味を持つ視点の転換なのである。

3．環境が変われば……

行動展示の環境が動物本来の持てる力を引き出した姿を目にすると、旧来の展示方法は動物の本来の活動や能力を抑え込んでいたとも感じられる。

このことは人間にもあてはまる。チョーク生産量首位の日本理化学工業株式会社のことだ。この会社は全従業員84人中62人が知的障害者であり、うち26人は重度の障害者である。障害者雇用率は73.8％となり、法定雇用率の2.2％を遙かに凌駕している。その理由は、彼ら知的障害者が生産ラインに欠かせない戦力となっているからである。この状況が現実となっている詳細はブックガイドの小松（2017）を読んでもらいたいが、いくつか例を紹介する。例えば、原料の計量では、種類別に容器と秤を色で合わせて目で確認できるようにしている。また材料混合の時間計測には砂時計を使っている。そして彼らが一般従業員以上の能力を発揮しているのが検品であり、整形されたチョークの曲がりや歪み、気泡の混入を目視だけで確認し、不良品を取り除いていく。その検出作業の正確さと集中力の維持は並外れているため必要不可欠な戦力となっている。知的障害のすべての従業員がその能力を持っているわけではないが、この会社では一人一人の好き嫌いや得意不得意に合わせて作業環境を工夫して働く力を引き出している。一般的には、知的障害の人たちは福祉施設で守られながら「早期からの余生」をゆっくり過ごした

方が幸せであるといったイメージで語られることがある。しかし、この会社の作業環境の下で働く彼らは、圧倒的に活き活きしていて、健康で幸せそうに見える。社会の中で自らの役割を持ち、その遂行が評価され、仲間とかかわり合い、労働の対価を得ることが、彼らのよき人生を支えている。

4．「障害」を捉えなおす

　「障害」とはなんだろうか？　それは日常生活を営む上で何らかの困難をもたらすものであるが、少なくとも固定的なものではない。環境が変われば、その現れも変わるからである。この事実から考えると、「障害」とはどこかに存在しているのではなく、ヒトと環境との相互作用の中で浮かび上がってくるものである。この捉え方は、世界保健機関が**国際生活機能分類**（ICF: International Classification of Functioning, Disability and Health）として 2001 年に提示しており、図 1 にその全体図（ICF 関連図）を示す。では、日本理化学工業の従業員を仮に想定すると、この図ではどのように捉えられるだろうか。

　まず、何らかの変調または疾病によってＡさんは知的障害と診断されている（健康状態）。そのため、知的機能が低下しており（心身機能）、言葉の理解が十分ではなく（活動）、作業指示の理解が難しかった（活動）。しかし視覚的に作業の要点が確認できる作業環境となり（環境因子）、原料を計量できるようになった（活動）ため、生産に従事する一員となり仲間との関わりも増えた（参加）。そして業務遂行でよい評価を受けることが増えたために（環境因子）、幼少期からの失敗体験で培われた消極的な性格（個人因子）が少しずつ前向きになってきた（個人因子）、と捉えられる。次に鋭い検出力を持つＢさんを考えてみると、注意機能や知覚機能が極めて高いという特長（心身機能）を、落ち葉を微妙な色の違いで分類する趣味（活動）にだけは活かせていたが、他のことには結びついていなかった。しかし

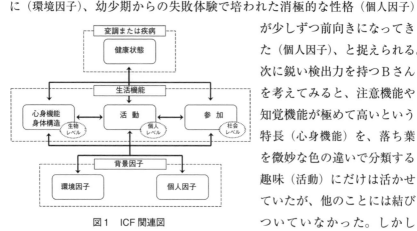

図 1　ICF 関連図

不良品チョークの検出業務を任された（環境因子）ことで、検出作業（活動）の達人となり、社会の一員として働く（参加）に至った、と捉えられる。仮に想定したA、Bのお二人はICF関連図が好循環となり、小さな共生社会が実現されているが、些細なことでこれは悪循環へと転じてします。例えば、言語指示だけでAさんに作業理解を強いていれば、失敗続きで自己評価は低下し、仕事は続かなかっただろう。

　ICFでは、「障害」は本来の機能・活動・参加が阻害あるいは抑え込まれている状態として捉えられており、機能障害・活動制限・参加制約と表現される。そして現在では、個人の中の障害関連要因である機能障害（impairment）と、活動や参加の実現を阻害する環境因子である**社会的障壁**の相互作用の結果、障害（disability）が発現するという考え方となっている。

5.「障害」を考えることから広がる教育学研究

　障害（disability）は機能障害のみから発現してくるわけではない。そうであれば、障害に対する支援は医学的なものがすべてとなるであろう。しかし発現の経路は単純ではなく、多様な要因が複雑に絡まりあっている。そのため、障害を教育学研究の立場で考えることが求められるのである。例えば、先のICF関連図に「発達」という視点を入れてみる。そうすると、社会的障壁に晒されて障害（disability）が軽減されない悪循環の発達経過を辿ることが児の成長に及ぼす影響に考え至り、そのような社会的障壁がなぜ発生してくるのか、それを取り除く術はどこにあるのか、マイナスの影響を背負って成長してしまった児の成長・回復の方法はどうあるべきかといった課題が浮かび上がってくる。これらは社会学や臨床心理学、**特別支援教育**の視点による教育学研究となろう。また、発達障害に起因する機能障害が避けられないとしても、その影響を最小限とする環境調整の基本的要件はなにかという課題は、認知心理学や基礎心理学の視点による教育学研究となろう。さらに地域の支援実践でICFによる多職種連携を実現するシステムの研究開発という課題は、地域づくりと臨床実践、インクルーシブ社会（すべての人を包摂する社会）の視点による教育学研究となろう。教育学とは人間を考える学である。その意味で「障害」を考えることは広く教育学につながっていく扉を開くことでもある。

5 子どものアセスメントにおける難題

岡田　智

> キーワード：子どものアセスメント、発達臨床、家族支援、実証性と実践性、主観性と客観性

1．アセスメントとは

「If children can't learn the way we teach them, then we must teach the way they learn」、学生時代に師の研究室に掲げてあった言葉である。子どもを変えるのではなく、子どもの特徴や状況に合わせて、援助する方のやり方を変えていこうという意味である。目の前の子どもを理解しようとする行為を、心理学ではアセスメントという。ただ、アセスメントにはさまざまな難題が付きまとう。本稿では、事例を通して、アセスメントの意義と難題について考える。

2．アセスメントの意義

まずは、筆者が発達相談現場で出会ったBの事例を見てみるとする。

> 書くことに困難あるB君
> 　小学校3年生のB君は、漢字を書けない、ノートをとれないということで、無力感に苛まれていました。今後の学習の遅れの積み重なりを心配して、学校の担任は宿題をB君だけに上乗せして出すようになりました。B君は徐々に登校をしぶるようになりました。
> 　教育相談室では心理検査（知能検査）を実施し、B君は知的発達には遅れがなく、言語能力は良好である一方で、視覚認知（目で見てイメージする、視覚的に理解・記憶する力）に苦手さがあることが分かりました。学校の先生は書くことや宿題の量を減らす配慮を行うとともに、B君が発揮できる理科や体育、外遊びでみんなから認められるような場面を作るように努めました。また、通級指導教室と言われる支援の場で、B君の得意な能力を生かした書字指導が展開されました。何度も反復的に書くよりも、意味や漢字の成り立ちに焦点を当てたり、パソコンで書いたり、漢字変換をして練習しました。4年生になると登校しぶりもなくなり、学校生活を楽しく遅れるようになりました。何よりも、漢字テストの練習で、どうすれば覚えやすいか、自

分なりの勉強方法の見つけ方を学べたのが、大きな自信になったようです。
(引用：岡田「LDの具体的な指導」小野ら編『よくわかる発達障害』49頁)

　この事例ではBの得意・不得意の状態に応じて、支援が行われた。この得意不得意の状態を把握するということは、専門家がただ単に検査を行うだけでは不十分で、B本人と学校の先生との勉強への取り組みの試行錯誤、そしてBと先生との対話の中でも、継続的に行われた。子どもの実態を把握するアセスメントは、より良い援助につながる。そして、子どもと大人の対話や協働での試行錯誤を生むきっかけにもなる。これがアセスメントの意義の一つである。

　この事例では認知特性のアセスメントに焦点を当てたが、このほかにも、いくら頑張ってもうまく結果が伴わず学習性無力感が生じてしまったこと、先生や周囲からのマイナスの評価を受け自尊心が低下し不登校状態になったこと、しかし、「こうすればうまくやれる」「覚えられる」と言った自己効力感が向上したことなど、情動面・自己面の把握も本事例の理解には必要なことと言える。**発達臨床や臨床心理学においては、総合的にそして統合的に子どもを理解するプロセスを重要視する。**

3．アセスメントの難題

　次の事例Cは、筆者が心理相談をしていて、うまくいかなかった反省すべき事例である。臨床実践において失敗から学ぶことは非常に多くある。

中学校1年生の女児Cさんは、「勉強ができない」「不登校」ということで、母と共に筆者の働く医療機関に受診しました。心理検査を実施したところ、短期記憶や習得知識は年齢相応かそれ以上の力を持っていましたが、知的水準が低い範囲で、特に思考推論力、概念的理解力にはかなりの困難を示しました。自分のこなせる範囲を超えて頑張りすぎてしまい、非常に精神的に疲弊していること、対人関係も授業もついていけないことが小学校の時から続いており、長期間にわたるストレスがかかっており、非常にしんどい状況であることを筆者は保護者にフィードバックを行いました。ただ、母は「娘に障害があるはずはない」「効果的な勉強方法がわかるといわれたから検査をうけたのに……」とショックを受け、その後、来院をしなくなってしまいました。学校の先生から聞いた話では、その後、Cさん、母ともに精神的に不調をきたし、状況が悪化したそうです。

Cさんは、早産、低体重で生まれたようで、乳幼児期は発達の遅れが見られていました。多くの低体重出生の子どもがそうであるように、Cさんも小学校就学前には発達面がキャッチアップし、知能検査では幼児期には発達指数50、70、就学後にはIQ 80、90と、年齢が上がるにつれ平均の範囲になったそうです。母は早産で生んでしまったことの罪悪感や、周りに追いつくかどうか、障害があるのかどうかの不安に付きまとわれながら、必死に子育てをしたそうです。6歳頃には心理検査で平均の範疇に入ったことで、通常学級に入れると安堵し、それ以降も、Cさんが勉強面で周りについて行けるように必死にCさんにかかわりました。父方祖父母は高学歴で、母は常にプレッシャーを受けていたそうです。また、母方祖父母やきょうだい、親戚は近くにはおらず、子育てをサポートしてくれる存在もこれまでいなかったそうです。どのような想いで、Cさんの母は子育てをしてきたのでしょうか。医療機関を受診して、心理検査を受けたのでしょうか。
（引用：加藤弘通・岡田智〔2019〕『子どもの発達心理が気になったら　はじめによむ発達心理・発達相談の本』ナツメ社、68頁）

　人の健康状態や障害の状態を把握するための枠組みとして、世界保健機関（WHO）は国際生活機能分類（ICF）というものを出している。人の健康・障害を①「機能・構造」②「活動」③「参加」の3つのレベルで捉え、それにその人が生活している④「環境」の要因も含めて捉えていこうという立場である。Cの状況はICFでみると、①知的機能と記憶能力の状態、②学習面や対人面での状況、③授業や対人関係の状況、不登校、④過剰適応を課す母、中学校の学習内容の高度化、といった側面が把握できた。これらの側面が絡み合い、Cの現在の不適応状況を生じさせていた。このように客観的に事実確認と因果関係の把握をし、その後の方針を立てたが、一見、その検査解釈と方針は、医者と筆者（心理士）、Cの学校の先生も納得していたので、妥当なもののようにも思えた。しかし、その後、母とCは来談しなくなり、さらにCの精神的状況は悪化した。援助の観点からは、明らかに失敗と言える。私の援助技術が未熟であったことは否定できない。しかし、個人の問題だけには帰せないアセスメントの難題が見え隠れしている。

4．現場から問いを

　これらの事例を読んでみて、皆さんはどのような難題を感じただろうか。一つには、保護者の想い（主観的経験）や親子のこれまでの歴史（生育歴、家

族歴）を考慮しないアセスメントの問題を感じたかもしれない。もしくは知能検査の精度がどうだったのか疑問に思うかもしれない。また、「普通でいること」「学力至上主義」に固執せざるを得なかった相談者を、どのように支援していくのか、その難しさを感じた方もいるかもしれない。

　筆者は現場経験から、研究課題を抽出することを生業としている。筆者が心理士として、そして研究者として感じた「子どものアセスメントにおける難題」から生じた研究課題をいくつか挙げてみる。

・客観的次元と主観的次元の往還によるアセスメント
・検査結果の解釈に関わる信頼性と妥当性の検証
・認知特性、障害特性のアセスメントとそれに基づいた支援
・子どもの社会・情動的発達のアセスメントと支援方法

　心理アセスメントは目の前の人を理解しようとする行為である。そして、「分かろうとする（分ける、分類する、ラベルを貼る）」ことは知能を発達させてきた人類にとっては、身の回りのリスクを察知し、予測し、行動するために、必要なことであった。アセスメント行為によって我々が目の前の人に、「〇〇障害だ」と診断ラベルを付けたり「〇〇という類の人だ」と断定してしまったりして、その人を分かった気になると、「分からない」ことでいるフラストレーションから一時は解放される。しかし、それ以上、理解しようとする姿勢はとらなくなるだろうし、目の前の子どもの固有の状況（主観的体験）を見過ごしてしまう可能性もあるだろう。アセスメントやカウンセリングなどの心理臨床行為は、効果があるかどうかだけでなく、主体性への侵襲や副作用も念頭に入れないといけない。アセスメントや心理療法の効果（エビデンス）や意義を問うだけでなく、クライエントの立場に立ったリスクや限界、倫理的問題にも迫る実践研究が望まれている。

■主な引用・参考文献
　アレン、フランセス (2013)『正常を救え――精神医学を混乱させるDSM-5への警告』講談社
　青木省三 (2012)『ぼくらの中の発達障害』筑摩書房
　加藤弘通・岡田智 (2019)『子どもの発達心理が気になったら　はじめによむ発達心理・発達相談の本』ナツメ社
　中田洋二郎 (2018)『発達障害のある子と家族の支援』学研
　サイモン，バロン＝コーエン (2011)『自閉症スペクトラム入門』中央法規出版

「読字能力」
6 文字を読むということ

関　あゆみ

キーワード：読字能力、脳機能、学習障害、発達性ディスレクシア

1．読字能力を支える脳機能

　現代の生活において、私たちは様々な文章を読み、それにより情報を得ている。この「読む」という行為にはどのような能力が必要であろうか？　語の意味についての知識（語彙力）や文法の理解、内容に関する背景知識ももちろん重要だが、まず文字や単語からそれが表す音や意味を想起する力が必要である。

　いうまでもなく人の様々な認知能力は脳の働きによって支えられている。文字や単語の読みには図に示すように、主に3つの脳部位が関わる。このうち、視覚性単語形体領野（Visual Word From Area: VWFA）と呼ばれる部位は、絵や記号に比べて、文字や単語を見た時により強い反応を示す。文字といっても十分に習熟した文字であることが重要で、日本語を読めない人が平仮名を見ても、その反応は記号と同程度である。さらに、音にできない文字の組み合わせ（例えばGKS）よりも音にできる文字の組み合わせ（GAT）や実在する単語（GUT）に対してより強い反応を示す。

　文字を知らない人ではこのような文字や単語に特異的な反応は確認されない。それでは文字を知らない人ではこの脳部位は何をしているのであろうか？（「人は脳の10％しか使っていない」などと言われることがあるが、"何もしていない"脳領域は存在しない）。興味深いことに、文字を持たない民族の人やまだ文字を知らない子どもでは、この部位は顔を見た時に強い反応を示すことがわかっている。現代の生活の中では、文字を読むことは基礎的な能力のように思われるが、考えてみれば人類が文字

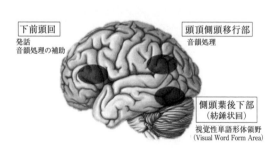

図1　文字や単語の読みに関わる脳部位

を使うようになったのは約 4000 年前のことであり、人類にとってはごく新しい技能である。人類は顔の視覚的処理に使っていた脳部位を文字の処理に転用するようになったと考えられている。

2．発達性ディスレクシアと脳機能

　文字は文化的な技能の一つであり、学ぶ機会がなければ習得することはできない。一方で、十分な知的能力があり学ぶ機会があったとしても、文字の読みの習得に困難がある人達がいる。このような人達は**発達性ディスレクシア**と呼ばれている。

　習得が困難といっても全く文字が読めないということではない。文字を学び始めたばかりの子どもは、一文字一文字、文字を音に換えていく。次第に文字を見ただけで対応する音が頭に浮かぶようになり、さらに見慣れた単語であれば、一文字一文字を音に換えなくても単語全体を見て音と意味を想起できるようになる。発達性ディスレクシアのある人達は文字や単語から対応する「音」を想起するのが特に困難であり、学び初めのような逐字読みが長く続く。ある程度読めるようになっても、文字や単語から自然に音が浮かばないので、疲れやすく、長い文章を素早く読み取ることが難しい。一方、言語理解力が低いわけではないので、口頭で説明されれば理解できるし、それをもとに自分の意見を述べたり、記憶したりすることは十分可能である。

　脳機能画像計測という方法により、発達性ディスレクシアのある人では図の3つの部位のうち、頭頂側頭移行部と左紡錘状回の視覚性単語形体領野（VWFA）の2つの部位の文字を読んでいる時の活動が、**読字能力**に問題のない人に比べて弱いことが明らかとなった。前述したようにVWFAの文字への特異的な反応は先天的に備わったものではなく、文字の習得に伴って出現するものである。発達性ディスレクシアのある人では、文字という新しい視覚刺激に対して脳機能を特殊化していくメカニズムのどこかに先天的な異常があると考えられる。

　発達性ディスレクシアはどの言語においても存在するが、書記体系の違いがその頻度に影響することが知られている。英語圏では5～10％（10％以上という報告もある）と高いが、イタリア語では3％台と低い。日本語の場合、平仮名や片仮名よりも漢字での発現頻度が高い。このような違いの要因の一

つは、文字とそれが表す音との対応関係にある。イタリア語や平仮名では文字と音がほぼ1対1で対応するが、英語では同じ文字が単語によって複数の読まれ方をする（例：cat, cable, talk）。文字とそれが表す音との対応関係が単純であるほど読みの習得は容易であり、読字習得の困難が顕在化することが少なくなる。一方、脳機能画像研究では、読みに困難のない人と比べて弱い活動を示す脳部位は、言語の違いによらず共通であることが確認されている。

　書記体系による発達性ディスレクシアの頻度の違いと、弱い脳活動部位の言語の違いによらない共通性を合わせて考えると次のようなことがわかる。何らかの先天的な要因により、文字に対する脳機能の特殊化が不良となり、文字から対応する音を想起することが難しくなる。しかし、その人が生まれ育つ環境で用いられる言語の文字と音の対応関係が単純であれば読字習得に困難が生じることはないかもしれない。一方、もし用いられる言語の文字と音の対応関係が英語のように複雑なものであれば、読字の習得に困難が生じ、発達性ディスレクシアとしての困難が出現することになる。発達性ディスレクシアが先天的要因による脳機能の問題によるものであることは間違いないが、その発症には言語の書記体系という社会文化的要因が関与するのである。

3．脳機能から「障害」を考える

　人の様々な能力には個人差があるが、その能力がその人が生きる社会において重要なものである場合に、その能力が不十分な人は障害があるとされる。私自身も含め方向感覚の弱い人（いわゆる方向音痴）は多いが、現代社会においてそのことで決定的な不利益を被ることはないので、障害と呼ばれることはない。紀元前5世紀のギリシアの哲学者ソクラテスは、対話を重視し書記言語に批判的であったとされる。この時代には、考えを語る力や語られたことを理解し記憶する力こそが重要であり、現在、発達性ディスレクシアと呼ばれている人達は優秀な人と扱われることはあっても、決して障害があるとはみなされなかったであろう。日本においても明治初期までは、文字を読み書きできる人の割合（識字率）は男子で50～60％、女子で30％前後であったとされる。この頃には、発達性ディスレクシアの原因となる脳機能の弱さがあったとしても、それが生活をしていく上でのハンディキャップとは

ならなかったのではないか。

　「そうはいっても今の社会で必要な能力が不十分なのだから、今の社会では『障害』ではないか」と思うかもしれない。実際に、印刷された本で学び、ペーパーテストで評価されることの多い現在の教育環境の中で、発達性ディスレクシアのある子ども達はとても苦労をしている。社会に出てからも読むことを避けて生活することは難しい。しかし、書くことについてみれば、この数十年間でそのあり様は大きく変化してきている。たとえ漢字を正しく手書きすることが難しくても、パソコンを使えば問題なく文章を作成することができる。発達性ディスレクシアのある人の文字から音を想起する能力の弱さがハンディキャップとならない教育のあり方、社会のあり方も考えられるのではないか。さらにそのような教育や社会は、日本語を母語としない人や視力障害の人など、発達性ディスレクシア以外の理由で読むことに困難を抱える人にとっても障壁の少ないものになるのではないだろうか。

　障害を個人のものと捉え、病気や外傷などの健康状態から直接的に生じるものとする「医学モデル」に対し、障害を個人の健康状態と環境因子・個人因子との相互作用から生じるものと捉える考え方を「社会モデル」という。これは国際生活機能分類（本書28頁の図1を参照）の基盤となっているものである。脳という身体機能の個人差が、「読む」という活動の制限や社会参加の制約を生み「障害」となるかどうかは、言語という社会文化的要因に加えて、その人の生きる社会環境や物的環境、人々の考え方が決めるのである。

7 脳と視覚世界との関わり

河西 哲子

キーワード：視覚的注意、認知神経科学、脳波、多様性、環境

1．あなたが見ている世界はいつどこにあるか

　心はどこにあるのだろうか。胸がどきどきしたり、手に汗を握ったり。感情に注目すると、心には脳だけでなく、身体も関わっているという考えが主流である。では今あなたが見ている世界は、いつどこにあるのだろうか。光の情報は眼にある水晶体を通って網膜に達した後、神経線維を通して脳の後方の視覚皮質に到達する。このとき面白いことに、視野に入った光は、上下は下と上に、左右は右と左にとそれぞれ投射する位置が逆転する（図1）。それにもかかわらず、私たちは上下左右が一貫した1枚の絵のように見ることができる。また、網膜は平面の2次元なのに、私たちは3次元の世界を見ることができる。これらは不完全な感覚情報から、脳が世界を再構築していることを意味する。そのためには伝達速度の異なる複数の並列経路と、進むだけでなく戻る経路での処理も必要であり、私たちが知覚している世界は実際よりも0.2秒ほど遅れた世界である。一方で目を閉じた状態でも、心の中に描かれるイメージの世界もあり、それは過去や未来、遠い場所など、時間や空間を越えることができる。

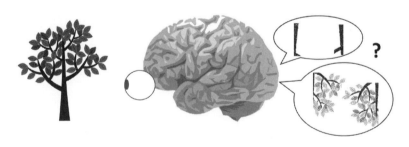

図1　目から脳への伝達

2．視覚の個人差

　「カニッツァの三角形」という錯視では（図2a）、内側を向けて並べたパッ

クマンから実際には描かれていない三角形が生じる。このときパックマンは、三角形の後ろにある円に見える。一方で「ミュラーリヤー錯視」では（図2b）、横棒に矢羽をつけると、その向きや角度によって長さが違って見える。これは線と矢羽を立方体の一部と想定すると、距離感が異なることで説明できる。錯視は誤りというより、実空間で起こる状況を推測する脳の仕組みが現れたものと言える。同様に脳の仕組みが関わっている身近な例として、人をステレオタイプで判断したり、ありもしない記憶が生じたりすることが挙げられる。

　錯視の見え方は人によって違う。高校生向けの体験教室で、ミュラーリヤー錯視の錯視量を測ってもらったことがある。最後に全員のデータを付き合わせたとき、その違いに歓声が上がった。私たちは一般に他者と考えが違うことがあっても、見ているものは同じと思っているため、はっきりと数値で現れた個人差は驚きに値したのだろう。錯視量は自閉スペクトラム症（ASD）を持つ人で少ないという報告がある。ASDとは遺伝による発達障害で、主に、人とのコミュニケーションに苦手さがある。一方で、細部が気になってよく覚えていたりすることも知られる。錯視量が少ないのは全体より部分に注目しやすいためかもしれない（図2c）。興味深いことに、ASDの特性は、障害のない人にも多かれ少なかれ存在していて、単にASDの特性の程度で分類しても、錯視量や全体・部分への反応が異なることが分かっている。このような知覚の個人差に関わる他の要因として、年齢、性、気分、注意など複数見いだされているが、その仕組みはまだ解明されていない。

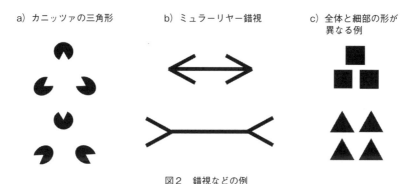

図2　錯視などの例

3. 注意と脳波

　私たちが一度に注意できることには限りがある。授業中、先生の話や板書に注意を向けていても、ふと自分の予定など違ったことを考えてしまい、話を聞き逃すことがあるだろう。これは注意が自分の内側に向けられて、外の世界に向ける分が減ったためと言える。外の世界に向けられた注意が、特定の場所や物に偏ることもある。脳の頭頂葉付近の損傷で起こる半側空間無視という症状では、注意は左の空間に向きづらいため、結果として右側に向いてしまう。一方で脳に損傷がない大人でも、自分に近い空間では、注意はやや左に偏ることが知られている。思わず目立つものに注意を奪われたり、特定のものに注目して他の物を無視したりすることもある。注意は認識と学習の基盤となる機能だが、個人差が大きく、寝不足や気分など心身の状態でも変わる。

　注意の性質や仕組みを調べるのに、実験心理学はさまざまな方法を開発してきた。近年ではパソコンの機能や技術の進歩によって、脳活動そのものを計る方法も身近になっている。この領域の日本語文献はあまり多くないが、PubMed や Google Scholar でキーワードを入れて検索すると、世界の最先端の研究成果に関する論文が次々とヒットする。私たちの研究室では、脳の神経細胞の同期活動によって生じる電気信号である脳波を測定している（図3）。脳波は一瞬のうちに起こる複数の処理過程を、1000分の1秒ほどの解像度で可視化する「心の顕微鏡」であり、比較的安価で簡便に測定できるため、乳児から高齢者まで幅広い対象の研究がある。脳波のリズミックな活動は、注意の働きと密接に関わっていることが分かっている。

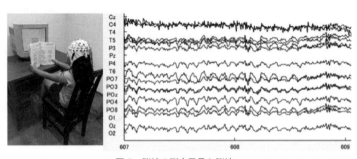

図3　脳波の測定風景と脳波

4．脳と教育

　脳の解剖図を見るとかなり複雑だが、大まかには比較的単純に機能と対応づけられる。面白いことに、脳の外側は主に外部世界との関わりに関する処理、内側は感情や動機付けなど自己内部に関する処理を主に担う。また脳の外側のうち、前方は主に外部への働きかけである行為や計画、後方は刺激を受け取り、知ることに関わる。このような脳の異なる領域の間の相互作用が重要である。たとえば心身の状態が良いと注意は外に向けられ、人と関わったり新しいことを始めたりしやすく、逆に心身の不調は、外部での活動や学習を制限するだろう（脳の内側と外側）。外部との関わりによって、心身の状態が調節されることもある。また、自分から進んでやろうと思ったときには刺激情報が理解されやすく、学習効率が高いことが多いのではないだろうか（脳の前方と後方）。

　私たちの心や行動、そして学習は脳全体の協調で成り立っているが、一人ひとりの顔が違うように脳も一人ひとり異なる。たとえ持って生まれた違いが小さくても、乳幼児期からの学習の蓄積によって差は大きくなり、社会的不適応や心理的障害を生じることがあるかもしれない。教育において一人ひとりの特性や状態を理解することは、もっとも基本的で重要なことの一つだろう。知覚や注意の個人差の仕組みに関する研究は、個々人に適した働きかけや環境を考える上での基礎になることが期待される。また、発達や個人差に関する研究は、脳の仕組み自体の解明に貢献することも期待される。これまで多くの研究の主流であった平均化してものごとを捉える手法は、全体的な傾向を知る上で重要だが、一方で平均化によって隠れてしまうものもあり、その隠れたものを明らかにすることで、より本質的な仕組みの理解へと近づくことができる。

　脳の基本的な仕組みに加えて、昨今のデジタル化やSNSの普及などの環境の変化が、私たちの脳や心の機能にどう影響しているのかも興味深い問題である。

■主な引用・参考文献

ファラー, M.J.（2003）『視覚の認知神経科学』利島保監訳、協同出版
ノルトフ, G.（2016）『脳はいかに意識をつくるのか――脳の異常から心の謎に迫る』高橋洋訳、白揚社

運 動
8 運動と疲労

柚木 孝敬

キーワード：身体運動、筋疲労、恒常性維持

1. 筋疲労の原因

　「乳酸がたまった！」——スポーツが行われる場面でよく耳にする言葉である。これは筋疲労を表現するために用いられる言い回しであるが、本当に乳酸が原因で筋疲労が起こるのだろうか。「乳酸＝疲労原因物質」という考えは、ノーベル賞受賞者（1922年）である A.V.Hill らによる下記報告が始まりとされる（大村・渡辺 2009）。すなわち、1）カエルの筋肉を長時間電気刺激すると筋肉中に乳酸が蓄積し、筋収縮が低下する、2）この乳酸の蓄積を防ぐと筋収縮の低下は起こらない（かなり遅れて発生した）、というものである。このような実験結果から「乳酸＝疲労原因物質」とする仮説が導かれ、その後、多くの研究者や一般の人々の間でも広く信じられる考えとなった。しかしながら近年になり、乳酸と筋疲労の間に因果関係は存在しないことが示され、乳酸は筋疲労の原因ではなく、むしろ筋疲労を防ぐ物質であると見なされるようになっている（大村・渡辺 2009）。

　乳酸が筋疲労の原因であると言い難いことは、図1に示した実験からも理解できる。この実験では、8名の男性被験者が3分の高強度運動（全力に近い強度での自転車運動）を2回（同一強度）繰り返した（高強度運動①と高強度運動②）。被験者は、高強度運動①が終了した後、10分の休息に引き続き45分の長時間運動（全力の半分程度の強度での自転車運動）を行い、その後、60分の休息に引き続き高強度運動②を行った。その結果、高強度運動②（●）では、運動中の努力感（下肢筋の疲労感）が高強度運動①（○）に比べて高くなった（図1右）。これは、筋疲労が「高強度運動①＜高強度運動②」であったことを意味する。一方、血中乳酸濃度は「高強度運動①＞高強度運動②」であった（図1左）。このように、筋疲労の進行（高強度運動①→高強度運動②）に乳酸の増加が付随しないことも起こり得るのである。乳酸は筋肉内の糖（グリコーゲン）が分解されることで産生され、その過程で筋収縮に必要なエネルギー（アデノシン三燐酸：ATP）が作られる。そのグリコーゲンが

高強度運動①とその後の長時間運動によって消費され減少したため、高強度運動②では乳酸の産生量が低下したと考えられる。したがって、高強度運動を繰り返すような状況で発生する筋疲労には、乳酸の蓄積ではなく筋グリコーゲンの減少が関与していることが示唆される。

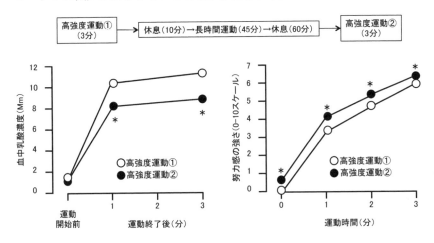

図1　長時間運動を挟んで高強度運動を2回繰り返した時の血中乳酸濃度（左図）と努力感（下肢筋の疲労感：右図）。＊は高強度運動①と②の間に有意差があることを示す。
（出典：Yunoki et al.〔2016〕）

2．末梢性疲労と中枢性疲労

　筋グリコーゲンの減少のように筋肉内で起こる変化が原因となって引き起こされる筋疲労は末梢性疲労と呼ばれている（図2参照）。グリコーゲンの減少以外にも、リン酸の蓄積や活性酸素の産生といった要因が有力視されている（Wan et al. 2017）。末梢性疲労は、中枢（脳、脊髄）から末梢（筋肉）に運動指令が正常に伝えられていても肝心な筋肉の収縮機能が阻害されている状態といえる。筋肉を支配している運動神経線維を電気刺激しても疲労前と同等の力は発揮されなくなる（Gandevia 2001）。このような末梢性疲労が、意識的なペースダウンや短い休息で回復できる程度であればよいが、深刻な場合にはその回復にそれ相応の時間を要することになる。

　図2に示したように、筋肉が力を発揮するためには、中枢（脳、脊髄）から末梢（筋肉）に運動指令を伝える必要がある。そのため、中枢からの運動指令が低下することによっても筋肉が発揮する力は低下する。このような

かたちで筋力低下が引き起こされる疲労は中枢性疲労と呼ばれている。例えば、筋力を最大努力で発揮し続けると筋力は徐々に低下するが、この時に筋肉を支配している運動神経線維を電気刺激すると、低下した筋力が一時的に高くなる（Gandevia 2001）。これは、筋肉自体には余力が残っているにもかかわらず、中枢から末梢への運動指令が低下していること、すなわち、中枢性疲労が発生していることを示している。そのメカニズムの全容は不明だが、末梢性疲労を引き

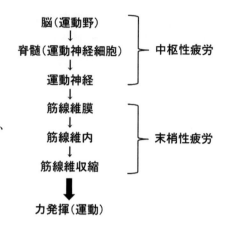

図2　運動指令の流れ（概略）。運動指令は、脳（運動野）から発せられ、脊髄（運動神経細胞）、運動神経を経て、筋線維に伝達され、筋収縮を引き起こす。上記のどこが活動を制限されても筋疲労は起こる。

起こす要因が筋肉内のセンサーで感知され、その情報が脳や脊髄にフィードバックされることで運動指令が低下するという考えが有力である。それによって筋肉自体の疲労が深刻な事態に陥ることを防いでいると考えられている。すなわち、筋疲労は身体の内部環境や機能を一定に保とうとする**恒常性（ホメオスタシス）維持**を目的とした防御メカニズムとして認識されるようになってきている（松浦 2016）。

3．筋疲労の全身的理解

　下肢筋が疲労した場合、その原因は下肢筋自体と下肢筋を支配する中枢神経系に求めれば十分であろうか。例えば、高強度の持久的運動では呼吸を支える横隔膜（呼吸筋）が疲労し、その疲労が反射的に下肢筋における血管収縮と酸素供給を阻害する可能性、つまり、呼吸筋の疲労が下肢筋の疲労を誘発あるいは促進する可能性が示されている（Dempsey et al. 2006）。その逆、つまり、下肢筋疲労が呼吸筋疲労を促進する可能性も指摘されている。さらには、下肢筋の疲労が疲労していない上肢筋を支配する中枢神経系の興奮性を変化させるような疲労の波及現象も報告されている（松浦 2016）。これらの現象は、筋疲労を全身的に捉える必要性を示しており、筋疲労の理解や筋

疲労を防ぐための方略に新たな視点を与えると考えられる。

　筋疲労は、スポーツ選手にとっては競技成績を左右する重要な問題となるが、一般の人々にも無関係ではない。健康や体力の維持のために行う運動・スポーツはある程度の筋疲労を伴うものでなければならないが、過度の筋疲労は健康を害する原因になり得る。無目的に過度な筋疲労を強いることが「運動嫌い」や「スポーツ事故」を生むかもしれない。また、筋疲労は運動・スポーツに留まらず、体を使う仕事や作業においてもその効率や質に影響する。このように、筋疲労は私たちの生活に密接に関わる現象であり、その解明および理解が**身体運動**の安全で効果的な実践につながると考えられる。

■主な引用・参考文献

Dempsey JA., et al. (2006) Consequences of exercise-induced respiratory muscle work, *Respir Physiol Neurobiol*, 151, 242-250.

Gandevia SC (2001) Spinal and supraspinal factors in human muscle fatigue, *Physiol Rev*, 81, 1725-1788.

松浦亮太（2016）「筋疲労を再定義する」『北海道大学大学院教育学研究院紀要』124号、91-104頁

大村裕・渡辺恭良（2009）『脳と疲労――慢性疲労とそのメカニズム』共立出版

Yunoki T., et al. (2016) Relationship between motor corticospinal excitability and ventilatory response during intense exercise, *Eur J Appl Physiol*, 116, 1117-1126.

Wan J., et al. (2017) Muscle fatigue: general understanding and treatment, *Exp Mol Med*, 49, e384.

生物時計

9 健康に深く関わる生物時計のふしぎ

山仲 勇二郎

キーワード：時間生物学、生物時計、生体リズム、ストレス反応

1．生物時計とは

　生物時計は、バクテリアからヒトに至るまで地球上に生存するすべての生物に備った生体システムである。フランスの Jean-Jacques d'Ortous de Mairan がオジギソウを用いて行った実験により生物の体内に自律的に振動する仕組み（生物時計）が備わっていることが示された。Mairan は窓際においたオジギソウの葉は太陽が出ている日中に開き、夜には葉が閉じていることを観察した。そして、Mairan は太陽の光が届かない暗所にオジギソウをおいても日中は葉が開き、夜には葉が閉じることを発見した（図1）。生物時計の存在意義は不明であるが、おそらく地球の自転によって生じる24時間周期の環境変化に適応し、生存競争を勝ち抜くために獲得されたものであると考えることができる。実際に、生物時計の中枢を破壊された動物は自然環境下での生存率が著しく低下することが報告されている。

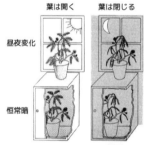

図1　オジギソウの葉の開閉運動リズム

2．生物時計が刻む生体リズム

　毎日の睡眠と覚醒のタイミング（睡眠覚醒リズム）や生理機能を長期間にわたって観察すると、明瞭な24時間リズム（生体リズム）がみられる。しかし、昼も夜もわからない、時計などの時刻の手がかりのない恒常環境下（深い洞窟や隔離実験室など）においても生体リズムは持続する。つまり、ヒトの生体リズムは外部環境の周期的変化に生理機能が反応した結果である外因性リズムではなく、私たちの体内にある時計（生物時計）により発振される内因性リズムである。

　生物時計が刻む生体リズムの興味深い点は、睡眠を含めた様々な生理機能が時間的に調和され、秩序だてられて睡眠をとるのに最適な体内環境が

作り出されている点にある。例えば、私たちヒトは昼行性動物に分類されるが、日中の活動期には深部体温、血圧、心拍数が高くなり、夜間になると松果体から睡眠ホルモンともよばれるメラトニンが分泌され、深部の体温が低下し、スムーズな睡眠の導入が促される。

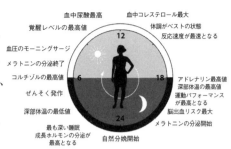

図2　生物時計が刻む24時間リズム

そして、睡眠の前半には成長ホルモンが最高値をとり、睡眠の後半に深部の体温は最低値を示す。早朝には血糖値を上昇させる作用をもつ副腎皮質ホルモンであるコルチゾルが分泌される。早朝のコルチゾル分泌は糖新生を促進し、血糖値を上げることで睡眠中の血糖値低下を予防し、覚醒後の活動にむけての準備を整える。生物時計は、単に24時間のリズムを発振するだけでなく、外部環境の変化を予測し、睡眠と覚醒に合わせて様々な生理機能を調整している点にある（図2）。

3．生物時計を考慮した光環境でよい睡眠を

　家電量販店の照明コーナーに行くと種々の照明器具を目にすることができる。最近では、温暖化や消費電力を考慮した照明器具（例、LED照明）が普及している。私たちの1日の生活環境を振り返ってみると、太陽の自然光よりも人工照明（室内の照明、パソコン、スマートフォンの液晶モニタ等）からの光を浴びながら過ごす時間が長くなっている。人工照明は私たちにとって身近な光環境であり、私たちが夜間も不自由なく活動するために必要不可欠なものである。しかし、光が生物時計や睡眠に関わる生理機能に与える影響を無視した使用法は睡眠の質を低下させ、健康に悪影響を及ぼす可能性があることを忘れてはならない。就寝時刻の直前までスマートフォンやタブレット端末を使用することは、生物時計を後退させ、生体リズムの乱れを招く危険性がある。また、睡眠ホルモンであるメラトニンは夜間の光によって分泌が抑制され、スムーズな入眠の妨げとなる。2014年に厚生労働省健康局による「健康づくりのための睡眠指針2014」のなかでも、寝床に入ってからの携帯電話の使用は就寝後に液晶モニタからの光入力を受けることで覚醒レベ

ルが増加し、その後の睡眠にも悪影響を与えることがあるため注意が必要との警鐘が鳴らされている。生物時計が外部環境の明暗サイクルに同調している条件下では、メラトニンの分泌が開始する就寝時刻の3～4時間前からメラトニン分泌が抑制されないような環境を整えることが重要である。経済産業省機械統計年報による照明器具の国内市場動向に関する調査では節電効率が高いLED器具の出荷台数が増加傾向にあることが発表されている。LEDの光波長の中心は465nm付近にあり生物時計が最も反応する光波長と近似している。朝方のLED照明は、生物時計の同調を促す可能性があるが、夜間のLED照明は生物時計を後退させ、その後の睡眠に悪影響を与えることが懸念される。夜間には、①目に直接光が照射する天井からの照明を避け、足元灯などの間接照明を利用する、②生物時計への影響の少ない長波長（電球色）の照明を利用する等、生物時計の特性を考慮して就寝前の室内環境を整えることが必要である。

4．ストレスを感じやすいのは朝？夜？

　私たちのからだには、心理的・身体的ストレッサーに適応するための防御システムが備わっている。代表的な例は視床下部－下垂体－副腎皮質系（HPA axis系）であり、その活動度は副腎皮質ホルモンであるコルチゾル濃度から計ることが可能である。また、コルチゾルは生物時計中枢の制御を受ける代表的なホルモンであり、朝方に高く、夜間に低いリズムを示す（図3A）。最近、私たちの研究室では健康な成人男女を対象にコルチゾル濃度が高い朝方と低い夜間との間で心理的ストレッサーに対するストレス反応を比較した。この研究では、被験者の起床時刻の2時間後と10時間後にHPA axis系のストレス反応の評価に広く用いられているTSST試験（The Trier Social Stress Test）を心理的ストレッサーとして実施した。TSST試験前及びTSST終了直後から30分後まで10分間隔で唾液を採取し、唾液中コルチゾル濃度を測定した。また、実験中には心電図を計測し、心拍数の変化についても検討した。その結果、朝方にTSST試験を実施した群では、試験前に比較して試験後20分にコルチゾル濃度が有意に上昇し、正常なストレス応答が観察された。一方、夜間にTSST試験を実施した群では試験前に比較してコルチゾル濃度の有意な上昇は認められなかった（図3B）。また、

心拍数の変化（交感神経系）は朝方と夜間で時刻差は認められず、TSST試験中に両時刻ともに有意に高くなっていた。これにより、生体のストレス応答システムは朝方にはHPA axis系と交感神経系が応答するのに対し、夜間は交感神経系のみが応答することが示唆された。コルチゾル濃度の低い夜間に心理的ストレッサーにさらされるとHPA axis系のストレス反応がみられないことから、夜間は外部からのストレッサーに対して生体の防御機構がうまく適応できないことが示唆された。本研究成果は、からだのリズムが乱れやすい現代社会におけるストレスマネジメント、ストレスを原因とする疾患の理解や予防に役立つことが期待される。

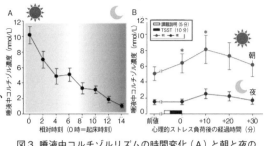

図3　唾液中コルチゾルリズムの時間変化（A）と朝と夜のTSST試験による唾液中コルチゾルの変化（B）

5．生物時計を調整して健康な毎日を送ろう

　生物時計は、地球上にヒトが誕生し現在まで生存競争を勝ち抜く過程で獲得した生体戦略であり、その機能は生活リズムが多様化した現代においても変わることはない。しかし、私たちが暮らす現代社会では、自然の環境周期と同調している生物時計の支配に逆らって社会生活をおくることを余儀なくされるものも少なくない。最近では、社会生活により決められた睡眠時間帯と生物時計により決められた睡眠時間帯とのズレにより慢性的な睡眠不足状態となる社会的時差ボケが心身の健康に悪影響を及ぼすことが報告されている。生物時計と生活リズムの脱同調は、睡眠に影響し、生理機能の恒常性を維持する適応システムの破綻を招くことにつながる。良質な睡眠を得るためには、生物時計の仕組みを理解し、生物時計と生活リズムの脱同調を防ぐことが重要である。

■主な引用・参考文献

　Yamanaka Y., Motoshima M., Uchida K. (2019) HPA axis differentially responses to morning and evening psychological stress in healthy subjects. *Neuropsychopharmacology Reports* *2019*, 39, 41-47.

> 他者

10 ヒトが他者と関わるしくみを明らかにする

阿部 匡樹

キーワード：他者、社会性、共同行為、脳、社会神経科学

1．「他者」と「社会性」

　私たちの生活は、他者との関わりに満ちている。日常の行動の多くは、他者と共に行ったり、あるいは一人の行為でもその周囲に他者の目がある状態で行ったりと、他者の存在とは切り離せない状況ばかりだ。

　このときに重要となるのは、「他者」という存在が、ヒトの行為に対して特別な効果をもたらす、という点だ。たとえば、自分の部屋の中に一人でいるときには平気でオナラをしたりする人でも、他の人が見ている場所ではさすがに躊躇するのではないだろうか？　歌の練習をするとき、目の前にあるのが木や電柱であれば全く気にならなくても、ヒトがじっと立って見つめていたら、多くの人はやりづらいだろう。

　このように、他者の存在によって行為が（ひとりでいるときとは）変わってしまう傾向、言い換えれば他者にあわせて自分の行動を調整する傾向を、ここでは「社会性」と呼ぶことにする。この社会性は、様々な形で我々の行為に影響を及ぼす。集団競技の際、その構成人数が増えるほど個々のパフォーマンスが低下してしまう「社会的手抜き」などは、その典型例といえる（山岸俊男監修『徹底図解社会心理学』新星出版社、2011年）。

2．社会性の個人差はどこから生じる？

　この「社会性」にかなりの個人差があることは、みなさんにも心当たりがあるだろう。良くも悪くも他人の目を気にせず振る舞う人、とにかく周囲に気を遣ってしまう人、本当に様々だ。また、この「社会性」の個人差は無意識のうちに発動されていて、本人の意図とは関係ないようにみえる。たとえば、特に意識することなく、自然に周囲とうまく連携できる人もいれば、うまく連携したいという気持ちは強いのになかなかコミュニケーションが取れず苦労する人もいる。

　このような個人差は、いったいどこから、どのように生じているのだろう

か？　我々の意識や社会性を司っている基盤が我々の脳にあるのだとすれば、脳のいずれかの領域の、何らかの活動が、この個人差を生み出していると考えるのが自然だ。もしコミュニケーションの個人差を生み出す脳活動を同定することができれば、我々の社会性の違いを生み出すしくみや、そのしくみに基づいたコミュニケーション改善の指針が、明らかになるかもしれない。

　私は、他の研究機関と協力して、他者にあわせて自身を調整する能力、すなわち「他者との協調」を司る脳機能の解明に取り組んでいる。ひらたく言えば、他者と行動をあわせようとするヒト、他者の動向を気にせず行動するヒトの脳活動にどのような違いがあるのか、を突き止めるという試みだ。以下に、その内容の一部（Abe et al. NeuroImage 2019）を紹介したい。

3．「他者との協調」を司る神経基盤を同定する

　近年、計測技術の著しい発達により、非侵襲的に（脳を切り開いたり電極を差し込んだりせずに）脳活動を推定することが可能となってきた。その代表的な計測法のひとつに、機能的磁気共鳴画像法（functional magnetic resonance imaging: fMRI）がある。この方法は局所的な神経活動に伴う血液中の変化を反映するとされる信号（BOLD信号）を測定する手法で、高い空間分解能で非侵襲的に脳活動を計測することができる。

　私を含む研究チームは、この計測装置を2台同時に使用し、二人で協力して課題を行っている最中の脳活動を記録した（図1）。実験課題は、装置内の握力計を使って、指定の標的力（全力の20％）を30秒間維持する、というものだ。fMRI装置内に設置されたディスプレイには、握力の大きさに応じて上下するカーソルが提示され、参加者は標的力を表す水平線にカーソルの中央をできるだけ正確に合わせ続けることを求められた（図2A）。課題には2条件あり、個人課題では自分自身の握力を標的力に合わせたが、共同課題では個々の握力ではなく、二人の握力の平均値を標的力に合わせた。

　この共同課題のポイン

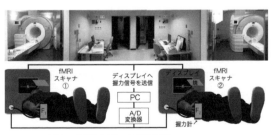

図1　fMRIを用いた実験環境

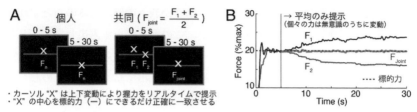

図2 実験課題の概要 A: 個人及び共同課題の設定。B: 共同課題における握力変化の典型例。平均値（F_{Joint}）は標的力周辺で維持されているが、二人の個々の力の差は徐々に拡大している。

トは、課題のゴールがあくまで「平均力」を合わせる、という点だ。個々の力は視覚的には提示されないため、本人たちも気づかないような無意識的な力の変化が生じ（図2B）、ここに潜在的な相手との協調の度合──相手の変動には目もくれず力を調整しているか、相手の変動に強く影響されながら力を調整しているか──が反映される。この研究では、どの程度相手の力の変動が自身の力の制御に影響を及ぼしていたかを、ノイズ寄与率という統計手法を用いて評価した。

これらの課題中の脳活動は、随時 fMRI によって計測される。共同課題時の脳活動から個人課題時の脳活動を差し引けば、共同課題時特有の脳活動が推定できる。そして、その中でノイズ寄与率が高い（他者にあわせて自分の握力を調整する傾向が強い）参加者ほど活動が大きい領域があれば、それは他者との協調の個人差を反映している脳領域と考えられる、という理屈だ。

はたして、個人課題時と共同課題時の脳活動を比較した結果、内側前頭前皮質や楔前部、そして左右の側頭頭頂接合部（Temporo-parietal junction: TPJ）などの活動が共同課題時に有意に大きくなった（図3A）。これらの脳領域を含む神経回路は、他者の心情を思いやるような状況で活性化することが知られており、メンタライジングシステムと呼ばれている。この結果は、平均力を調整するという単純な運動課題においても、相手を思いやる高次の社会的な脳活動が生じていたことを示している。

また、ノイズ寄与率と脳活動の関係を調べた結果、相手からのノイズ寄与率が大きい（相手の変動の影響を大きく受けている）人ほど、共同課題時に右側の側頭頭頂接合部（rTPJ）前部の活動が大きいことが明らかとなった（図3B）。すなわち、他者と共同行為を行うときにどの程度相手の動きと協調するかについて、この領域が非常に重要な役割を果たしていることが示唆された。

rTPJ は、自己―外部、自己―他者を分別・同定するために重要な領域と言われている。この実験でも、共同課題中に平均力を標的力に合わせるためには、まず平均力の中で自分の力がどの程度かを適切に把握することが大切だ。それができてはじめて相手の力が予測でき、その変化にも対応可能となる。他者とのコミュニケーションといえども、まずは集団の中での自分の状況を客観的かつ適切に把握することが、その後の集団内での適切な振る舞いには不可欠であるといえよう。

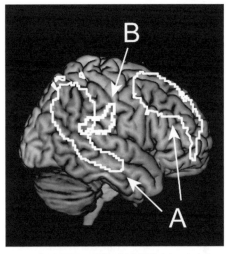

図3 共同課題時の活動が個人課題時よりも有意に大きい脳領域（A）、およびノイズ寄与率と有意な相関を示した脳領域（B）

4．「こころ」の不思議を科学的に解明する

　このような試み、すなわち我々の社会性を担う脳機能の解明を目指す研究領域は、「**社会神経科学（social neuroscience）**」と呼ばれる（村井俊哉『社会化した脳』エクスナレッジ、2007年）。これまで、主に心理学や哲学、社会学で扱ってきた社会性の問題を、神経科学的に明らかにしようとする試みだ。これには、ここで紹介してきたコミュニケーションの問題だけでなく、個人の性格や嗜好、意思決定といった問題も含まれる。

　社会神経科学も含め、近年は「こころ」を科学的に捉え、理解しようとする試みが様々な研究領域で行われている（宮崎真・阿部匡樹・山田祐樹ほか共編著『日常と非日常からみるこころと脳の科学』コロナ社、2017年）。もちろん、教育学もそのひとつである。ヒトを知り、ヒトの育み方を学び、そのための適切な環境のあり方を考えるのが教育学の一側面であるとすれば、その根幹は正しくヒトの「こころ」のありようを捉える、ということになるだろう。

　ヒトの「こころ」やヒトとヒトのかかわりに興味があるなら、ぜひ教育学の扉を開いてみてほしい。この文章がそのきっかけになれば幸いである。

11 身体技法：教育をからだの次元から考える

石岡 丈昇

キーワード：身体技法、体育、社会的秩序、からだ

1．からだの教育

からだ作りは、学校教育においても生涯学習の場面においても、盛んに展開されているものだ。学校では**体育**（これは身体教育の略語である）の授業がおこなわれるし、公民館などでも各種の健康教室が開催されている。さらに、体育や健康に関わる場面を離れても、たとえば、学校の全校集会の場面では、「正しい姿勢」で話を聞くことが生徒に要請される。このように、からだは教育について考える際に重要なトピックの一つである。この章では、狭義の体育のみならず、からだについて、その動きを洗練させたり（たとえばお辞儀の仕方）、特定の運動方法を習得したり（たとえば鉄棒での逆上がり）、その機能のリハビリテーションを図る（たとえば高齢者向けの各種体操）活動など、広くからだ作りに関わる営みを教育との関連のもとに考えてみよう。

からだ作りについては、医学や生理学といった自然科学的な観点から検討されるのが一般的である。たとえば、健康教室に通う前と後で、参加者の身体機能がどれくらい回復したのかを測定するといったものである。こうしたプログラム効果の自然科学的研究は、身体の運動機能に特化した内容である。それに対してこの章では、問いの位相をややずらして、なぜこうしたからだ作りが、教育場面において重視されるのかといった点について、人文社会科学の立場から考えたい。すなわち、からだ作りの社会的意味について考察したいのである。そのために「身体技法」という社会学の概念を用いて説明を進める。

2．身体技法とは

からだ作りについて人文社会科学的に考える際のポイントは、それが個々人のからだだけでなく、それらを束ねた集団の位相をターゲットにした実践でもある点である。例として、体育座りを考えてみよう。体育座りは、床に座るための一つのからだの使い方である。このからだの使い方を身に付ける

ことで、生徒は一定の時間、足が痺れることなく座り続けることができる。体育の時間だけでなく、朝礼や始業式などにおいても、全国的に見てもっとも学校教育で用いられる座り方である。

　重要なのは、その場面に集う全員が、体育座りという同じ座り方を用いる点だ。床に座るという個人的目的からだけでなく、同じ座り方をすることで秩序を発生させるという集団的目的こそが重要である。同じことは、たとえば正しい鉛筆の持ち方についても言える。正しく鉛筆を持つということは、きれいな字を書くという個人的目的からだけでなく、皆でからだを同じように使うという集団的目的が絡んでいる。

　個々のからだには、個別の特徴がある。身長も体重も、各人においては多様だ。しかしながら、からだの使い方においては、社会的な共通性が存在する。歩き方、箸の持ち方、跳び方、ラケットの持ち方、椅子の座り方。からだ作りとは、からだの個別の多様性を超えて、その使用上の形式的な共通性を身に付ける営みでもある。

　フランスの社会学者であるマルセル・モースは、このようなからだの使い方をめぐる形式的な共通性のことを「身体技法（techniques of the body）」と概念化した（モース 1973）。泳ぐためには、泳ぎ方を知らなければならない。この泳ぎ方は、個々人でバラバラではなく、クロールや平泳ぎなど、共通の形式を持っている。私たちは、こうした形式を身に付けることで、水中を移動できるようになる。この形式的な共通性が、身体技法である。ここで「技法（technique）」とは、「技能（skill）」とは異なる点に注意しよう。技法とは、クロールや平泳ぎなど、使い方の形式そのものを指す。それに対して、技能とは、クロールという技法を身に付け、使いこなせるようになった能力のことを指す。技法は身体化されることで技能になる。モースが論じたのは、技能ではなく、技法の位相であり、多様な個々のからだを束ねる、その使い方の形式的な共通性についてであった。

3．身体技法と社会的秩序

　モースの身体技法論は、教育という営みに引き付けた際に、次の三点の含意を持つ。第一に、からだの個別性と共通性を検討可能になることである。からだそのものは各人に個別的だが、そのからだは身体技法の習得を通じて

共通性を帯びる。一般に、教育場面において、からだは個別的なものと捉えがちであるが、そこには同時に、共通性が埋め込まれていることを身体技法論は教えてくれる。

第二に、からだ作りの文化的相対性が検討可能になることである。たとえば、日本では小学校に入学した生徒は、教室で椅子にきちんと座ることや体育館できちんと体育座りをすることを教えられる。こうした教育を受けた私たちは、たとえば成人してから花見を楽しんでいる際にも、自然に体育座りをすることがある。だが、私が長年フィールドワークをおこなっているフィリピンでは、特に山岳部において、人びとは「座り方」ではなく「しゃがみ方」を教え込まれる。山歩きに疲れた際に必要になるのは、何かに座るという身体技法ではなく、何もないところにしゃがむというそれである。片膝を立てた状態で、お尻を地面に着けることなくしゃがむ方法を学ぶのである。ある人にとっての身体技法は、別の文化圏に生きる人にとっては特異なものでもありうるという文化的相対性が、ここからわかるのである。

第三に、社会的秩序の形成過程を検討可能になることである。なぜ日本の学校では、運動会や卒業式の練習にあれほどまでの時間と労力が投入されるのか。私は以前、小学校および中学校の教員と共に、運動会での練習内容に関する調査をおこなったことがあるが、そこからわかったのは、運動競技で記録を伸ばすための練習ではなく、整列時の姿勢や待機時の座り方など、身体技法の修練に膨大な時間が注がれている点である。フランスの社会学者であるピエール・ブルデューは、モースの身体技法論を援用しつつ、社会的秩序がからだに刻印される点を明らかにした（ブルデュー 1988）。なぜ通常のカリキュラムを停止させてまで、運動会の一斉練習をするのかと言えば、こうした秩序の教え込みがその場で展開されるからである。そこでは教科としての体育ではなく、学校における正統的規範の教練のための特別授業が展開されていると言える。身体技法には、つねに社会的秩序の維持の問題が関わっているのである。

4．身体技法が照らし出すもの

『教育学へのレッスン40』というタイトルの本書において、ここで身体技法を取り上げたことのねらいは、からだが単に医学的生理的な考察の対象で

あるだけでなく、それが社会的に編成されるものである点を確認しておきたかったからである。体育や保健の授業においても、からだの医学的生理的機能については学習するが、からだがいかに社会的編成の産物であるかについては探究されることが少ない。

こうした状況において、身体技法という概念は、体育や運動部活動はもちろんのこと、学校における様々な事柄やさらには生涯学習の健康教室で言外におこなわれていることを、新たな観点から見通すことを可能にしてくれるものである。また、身体技法が文化的相対性を持つということは、たとえば日本に住む私たちにとっての自然な座り方である体育座りが、全世界において用いられる普遍的なものではなく、あくまで特定の局地的な文脈において妥当とされたものにすぎない点を自覚する契機にもなるだろう。からだの使い方という普段は意識されることの少ない事柄から、教育に関わる社会的秩序や教育内容の文化的相対性をあらためて知り直すことができるのが、この身体技法という概念の魅力なのである。

■主な引用・参考文献
ブルデュー, ピエール（1988）『実践感覚Ⅰ』今村仁司・港道隆訳、みすず書房
モース, マルセル（1973）『社会学と人類学Ⅱ』有地亨・山口俊夫訳、弘文堂

障害者スポーツ

12 障害者スポーツの可能性とできない身体の創造性

山崎 貴史

キーワード：障害者スポーツ、身体、車椅子バスケットボール、目の見えないアスリート

1．スポーツ×障害

　ここではスポーツを切り口に障害について考えたい。できる限り、**障害者スポーツの可能性やできない身体の創造性**について書きたいと思う。障害のある人びとには、歩くことができない、目が見えないといった何らかの「できないこと」がある。ひとりでできないことが多く、スポーツに不向きなようにも思う。なぜなら、スポーツは激しい**身体の動き**をともなうものだからだ。

　けれども、本当に障害のある身体はスポーツに不向きなのだろうか。スポーツの魅力を「自分の体一つでできるようになる」という点に求めるならそうなるだろう。以下では、障害のある人びとのスポーツだからこその可能性と「できないこと」が多い身体ゆえの創造性について考えてみたい。スポーツのルールを少し変えたり、他者と協力することで、健常者のスポーツとは別の面白さを生み出していることを示していく。

2．スポーツに参加することは簡単だけれども……

　まずは障害のある人びとのスポーツへの参加について考えてみよう。結論からいえば、障害のある人びとがスポーツを行うのはそんなに難しいことではない。というのも、スポーツのルールや用具を変えてしまえばよいからだ。シッティングバレーボールという競技がある。下肢に障害のある人びとが座ってバレーボールをプレイし、男子は高さ1.15メートル、女子は1.05メートルの低いネットを使用する。ネットの高さを変えてしまえば、立つことや跳躍することができなくても、バレーボールを行うことができる。障害のある身体に合わせてルールや用具に変更をくわえたスポーツをアダプテッド・スポーツと呼ぶ。

　ただ、参加することができても、それが面白いかは別問題である。弱視の研究者である倉本（2006）は自身の少年時代の草野球について回想するなか

で、友人たちが弱視であっても参加できるように変則ルール――投手が通常より近づき山なりのボールを投げるなど――を作ってくれたことを複雑な心境で語っている。友人の配慮はまさにアダプテッド・スポーツの考え方そのものだ。ただ、倉本は実際にやってみると楽しいものではなかったという。なぜなら、その野球には失敗するかもしれない緊張感がなく、彼のプレイが勝敗の行方に影響をほとんど与えないためだった。そこから倉本は参加することとそこにいることは同義ではないと断言する。興奮も失敗もほかの参加者と同じだけ経験することができてはじめて「参加した」ということができるのだと述べる。

こうした問題は障害のある人びとのみでスポーツを行おうとするときにも生じる。なぜなら、障害の程度や種類によって動かせる部位や範囲が大きく異なるし、発揮できるパワーにも大きな違いがあるためだ。そのため、勝敗の行方は選手のパフォーマンスではなく、障害の程度や種類によってあらかじめ決まってしまう可能性がある。最初から勝敗がわかっているスポーツは楽しいだろうか。

3．車椅子バスケットボールの面白さ

では選手の身体の状況が大きく異なるなか、どのように楽しく競うことができているのだろうか。渡（2012）は車椅子バスケットボールを事例に、障害者スポーツを面白いものとしている要素の一つにクラス分けと持ち点制というルールの存在を挙げる。クラス分けとは障害の程度が優劣を決めてしまわないように、選手を障害の程度や種類によって区分けすることである。車椅子バスケットボールにおいては、選手個人の身体的な能力に応じて1.0から4.5の持ち点が付与される。持ち点を割り当てるときに、ちょっとした工夫がなされている。それは障害の程度の重い選手には低い持ち点が、障害の程度の軽い選手には高い持ち点が付与されるというものだ。そして、5人の選手の持ち点の合計が14.0を超えてはならないと制限がくわえられている。こうすることで、持ち点の低い選手、すなわち障害の重い選手をチームに入れなければ試合そのものが成り立たないようにルールが作られている。

渡によれば、持ち点制によって障害は車椅子バスケットボールへの参加の要件へと変換されるが、障害による能力差そのものが無化されるわけではな

い点に注意する必要があるという。しかし、渡はこの能力差こそが車椅子バスケットボールの面白さを生み出しているとも述べる。どういうことだろうか。車椅子バスケットボールではオフェンス時／ディフェンス時に車椅子を相手にぶつけることで相手の邪魔をするスクリーンプレイ／バックピックというプレイがある。これらは持ち点の低い選手が相手の持ち点の高い選手に対して行うプレイである。持ち点の低い選手が相手の持ち点の高い選手のプレイを制限することでチームが有利に試合を進めるように導くのである。つまり、障害の程度の重い選手のプレイがチームの勝敗に大きな影響を与えるのである。倉本が経験した草野球とは違って、障害の程度が重い選手はただそこにいるだけでなく、障害の程度が軽い選手と同じくらい勝敗に関与しており、車椅子バスケットボールに「参加している」のだ。

4. 目の見えないアスリートの身体とその創造性

　伊藤（2016）は目の見えないアスリートの創造性として次の二つを提示している。一つは視覚を使わない身体の動き方や感覚である。全盲の競泳選手は周囲の状況をイメージせずに泳ぐため、ゴールがどこにあり今どのあたりを泳いでいるかを空間的にマッピングせずに純粋に泳ぐという。つまり、目の見える人は環境や対戦相手に左右されるが、目の見えない人は外部と自身をギリギリまで断ち切った純粋運動の領域に到達することができるのである。

　もう一つは、純粋運動とは対照的に、目の見える他者との関わりのあり様である。陸上競技では目の見える伴走者とともに走り、ブラインドサッカーでは目の見える人（コーラーと呼ばれる）がゴールの位置や角度を声に出したりして伝える役目を果たす。伊藤はこうした目の見える人が単なるサポートに終わらず、競技に介入してしまう点に面白さがあるという。目の見えない人の短距離走ではゴール直前に伴走者が選手を前に押し出すこともあるという。ブラインドサッカーではコーラーの指示がゲームの勝敗を左右することもありうるのだ。

　興味深いのは、視覚のない身体が「見ること」を他者に依存しているからこそ、対話的なスポーツが生み出されているところである。一般的なスポーツでは「見る」と「する」は分離しない。私たちは自分の目で見て、相手の位置など試合の状況を把握して、次のプレイを行う。それに対し目の見えな

い人びとのスポーツにおいて、「見る」という行為は他者に完全に委ねられ、「見る」人と「する」人の対話が生み出される。目の見えない選手の思惑とガイドの思惑が交錯しながら、競技や試合が展開されることになる。スポーツにおいて、「見えないこと」は不自由なことではなく、新しい面白さを作り出す条件となる。障害＝「ひとりでできないこと」は人と人のつながり方を変え、別のスポーツのあり様を開いていく。

5．スポーツ×障害＝別の新たなスポーツ

　スポーツと障害の関係を考えようとするとき、私たちは「できるようになること」を重要とする枠組みにとらわれ、息苦しいものとなってしまう。健常者と比べて、障害のある人びとには「できないこと」が多いからだ。障害のある身体はスポーツに不向きなのだから、「障害があっても参加できるスポーツ」をと考える。

　しかし、障害者スポーツを健常者のスポーツとは異なる面白さを備えたものと考えた場合、その可能性が見えてくる。車椅子バスケットボールでは、身体の違いがゲームの面白さを生み出す。視覚のない身体は他者に見ることを委ねるがゆえに対話的なスポーツを作り出す。

　スポーツにおいて、障害は不自由さではなく、新しい面白さを創造する条件となる。「できないこと」があるからこそ、別の新たなスポーツを作り出す。わたしはそれをできない身体の創造性と呼びたい。

■主な引用・参考文献
　伊藤亜紗（2016）『目の見えないアスリートの身体論──なぜ視覚なしでプレイできるのか』（潮新書）潮出版社
　倉本智明（2006）『だれか、ふつうを教えてくれ！』理論社
　渡正（2012）『障害者スポーツの臨界点──車椅子バスケットボールの日常的実践から』新評論

身体文化

13 身体文化のポリフォニー

池田 恵子

> キーワード：スポーツ、急進主義、ニューレフト、カルチュラル・スタディーズ、カルチュラル・ターン

1．身体文化概念の根本を問う

　身体を軽蔑する者に伝えたいとして、奇才、ニーチェは次のように述べた。「身体はひとつの大きな理性だ」「あなたが〈精神〉と呼んでいるあなたの小さな理性も、あなたの身体の道具なのだ」（ニーチェ『ツァラトゥストラはこう言った』）。

　「身体」が理性で「精神」が道具なのだとニーチェは言う。仮に「こころ」と「からだ」の弁証法的な相互関係を重視しようとも、以上は精神＝理性と捉え、身体を物理的客体と捉える心身二元論的な思考とは真逆のテーゼである。ニーチェは解体できないメロディ、永遠のゲシュタルトである身体が主体性を失い、大義に支配される精神優位の心身二元論の行く末を案じていた。人間が産業革命、IT 革命を経て、いまや人工知能（AI）が支配的な未来をすでに案じていたとも言える。しかも、こうした近代の妄信はスポーツの歴史そのものにあてはまっている。筆者は講義の中でしばしば受講者に問う。「あなたのこころはどこにあるのか？」「指さすことはできるか？」と。受講者たちの指さした先には頭や心臓があるに過ぎない。からだ全体を指す者も居るが、いずれにしてもニーチェの言う理性、他ならぬ身体がそこにあるだけである。身体活動も脳の運動野や感覚野と関係深い脳の活動であるため、それは紛れもなく脳の活動である。よって、仮に「操作概念」としての「こころ」や「からだ」が想定可能なら、近代スポーツはスポーツがパースペクティヴとして「こころ」よりも「からだ」に傾斜した時代の傾向分析の対象に過ぎないということになろう。筆者の専門はイギリスにおける「前ヴィクトリア時代のスポーツ」であり、スポーツが人間の肉体活動を意味しなかった近代前夜を照射してきた。

　たとえば、拙著『前ヴィクトリア時代のスポーツ』（不昧堂出版、1996）では、従来の語源学的定義を超え、スポーツとは「大いなる精神文化」であっ

たことを 19 世紀前半のイギリスのスポーツ・ジャーナリスト、ピアス・イーガンの言から明らかにした。それにより、むしろ、近代スポーツが過去 150 年ほどの間に成立した特殊な文化であることを指摘したわけである。

　語源学に依拠する従来的な研究は、いずれも、時期の特定や詳細な分派の有り様に課題を残すものの、英語 sport はラテン語 deportare に由来し、中世英語を経て、「精神的物理的移動」を意味する原義から派生したと説いている。スポーツが主として人間の大筋活動による組織的な身体活動を意味するようになったのは 1850 年以降のイギリス社会以後であり、150 年余りの間に生じた人々の共有概念に過ぎない。それ以前の長い歴史をもつ前近代の英語 sport は精神的な意味合いとより親和性があった。「感動」、「気分転換」、「気晴らし」といったこころの内面の変化と物理的な移動、「運動」により、より精神的な内面の変化が促された文化の総称であったと考えられる。動物スポーツ（闘犬、闘牛、闘鶏など）や狩猟が前近代までのスポーツの概念に含まれ、浮かれ騒ぎの宴会や猥雑な歌会がスポーティングと形容されたことも人間の肉体活動がスポーツを意味するわけではなかったことを示している。

　一例として、上述の拙著の中では、「トム・アンド・ジェリーイズム」という 1820 年代のイギリスのスポーツ小説『ロンドンの生活』（1821）における「スポーツマン」の主人公のキャラクターをとりあげている。「トム・アンド・ジェリーイズム」は向こう見ずで、階層縦断的で、覗き見趣味的で、好奇心に富み、酒を飲んで、ロンドンの街中で大暴れを繰り返す、人間味ある登場人物として描かれている。ところが、産業革命の成熟期を経て、肉体的な労働活動から、座したまま、手先や目といった局部的な身体活動が労働を支配するようになるにつれ、スポーツは人間の大筋活動を主流とする競技的で組織的なゲームへと転換した。人間の内面の動きを調節しようとした文化、スポーツは、それほどまでにホリスティックなバランス装置であったと言えよう。したがって、かつてのスポーツマン気質、トム・アンド・ジェリーイズムは、ヴィクトリア時代においてはスポーツの範疇になく、生真面目なアスレティシズムというスポーツ教育思想の下、「勇猛で、謹厳実直で、自己犠牲を重んじる公正なジェントルマン」がスポーツマンであると考えられるようになった。これは近代的な国民国家形成の中で必要とされたヴェーバーが言うところの資本主義社会における生産倫理とかかわる中産階級の理

想像に他ならない。こうして、近代のスポーツマンはウィンブルドンに象徴されるような真っ白なスポーツウェアを着た没個性的で道徳的な紳士であることが期待されるようになった。そして、身体は規律訓練化され、近代的な軍隊のための国民国家に奉仕する集団的身体へと回収されていく。こうして「身体文化」が生まれた。実際の変化は近代スポーツの祖国、イギリスにおいても地理的、時間的差異は多様であったわけだが。

2．フランス革命の落とし子、カルチュラル・ターン

　しかも、そもそもスポーツが心の変化と切り離せない文化であったために、政治性とも無関係でありえなかった。このことは、より周到なからくりを伴った。「スポーツマンは政治的に中立的であるべき」という考えは近代国民国家形成の中で、むしろ、逆に政治利用された。スポーツが「表面上、政治とは無関係な存在」と認識されることにより、社会の水面下の矛盾を吸収、救済し、社会的機能を発揮してきたとも言える。その意味で広義の政治性を有した。また、国際平和・全人教育・ヒューマニズムを基調とするピエール・クーベルタン男爵が構想した高邁な教育思想、オリンピズムも、20世紀の間、繰り返し、あからさまに政治や戦争に翻弄され続けた。ゆえに政治からの乖離を理想とするスポーツは広義の政治性の問題と断じてかかわる。イギリスのニューレフトに由来する学術的一派が創始した**カルチュラル・スタディーズ**を経て、「**カルチュラル・ターン**」という学術的方法論ないしパースペクティヴが身体文化の分析にとって必要とされる所以がそこにある。
　たとえば、スポーツについて議論することは「われわれの身体存在」に関する根源的な意味を問い始めたフランス革命以後の社会関係に起源がある。近代スポーツジャーナリズムはフランス革命の余波を受けた19世紀初頭の**急進主義**的大衆ジャーナリズムの影響を受けて成立した。コベットやハズリットらに代表されるように、彼らは「民衆」とは何かを問い、「民衆の権利」を擁護する中で彼らの生活文化に目を向けた。こうした19世紀初頭の急進主義者の文化へのまなざしを20世紀に回帰した学派がニューレフトによるカルチュラル・スタディーズであり、イギリスにおけるスポーツ史学はここから分岐してくる。これらの学派に近い人々は「文化は政治である」として、その文化論的志向性、カルチュラル・ターンへと舵をきった。労働者

階級を理解するには「サッカーを理解しなければならない」というわけである。したがって、19世紀の急進主義ジャーナリズム、20世紀のニューレフト、カルチュラル・ターンまでの学術的方法論を解説することがこの分野の主たるねらいとなる。以下は、最新の国際誌の中で「スポーツ史の興隆」について示した拙稿の冒頭部分の要約である。

　その鍵概念は文化統合や文化規範の役割を通して近代社会の成立を描く社会史の構築であった。こうした社会的エイジェンシーを照射する学術的意図は庶民の慣習や娯楽の意義を欠落させてきたそれまでの権威的な歴史学におけるメインストリームの変更を促す重要な社会的エイジェンシーを解き明かした。重要であったことは文化の問題は社会における様々な現象の一部をなすのではなく、文化統合や階級闘争における要だと考えられたことである。文化は階級の境界を再定義し、道徳規範や「ハビタス」に作用し、結果的に歴史のメインの潮流における変化と持続の問題にダイナミズムを生じさせる。(Ikeda 2017)

　以上は、スポーツが動的で社会心理学的脈絡とたえず対話し続けるポリフォニーな文化であることを意味している。このポリフォニーの読み解きを可能にするカルチュラル・ターンは、本分野を志す若き研究者、学生諸氏がＡＩと身体文化の問題を掘り下げて思考しなければならない宿命と共にあろう。つまり、共通した問いは「人間とは何か」という人文科学的な問いの深化であり、ニーチェに回帰すれば、大いなる理性である身体を問い直す作業に他ならない。

■主な引用・参考文献
阿部生雄（1976）「スポーツの概念史」『宇都宮大学教養部研究報告』第９号、99-117頁
池田恵子（1996）『前ヴィクトリア時代のスポーツ』不昧堂出版
Ikeda, Keiko (2017), "The Itinerary to Explore Headwaters of the New Left's Cultural Studies", *The International Journal of the History of Sport*, 34 (5-6), 346-350.
ニーチェ，フリードリヒ（1967 [2005]）『ツァラトゥストラはこう言った（上・下）』氷上英廣訳、岩波文庫
谷川稔他（1990）『規範としての文化——文化統合の社会史』平凡社

ブックガイド（各レッスンの推薦図書）

1 発達するとは良いことばかりではない
1. 原田宗典（1996）『十七歳だった』集英社文庫
   ちょっと恥ずかしい思春期男子のすぐれた心理描写が秀逸。
2. 吉野源三郎（1982）『君たちはどう生きるか』岩波文庫
   コペル君と大学生のおじさんの対話を通して世界の見方が変わる。
3. 松本大洋（2000）『GOGOモンスター』小学館
   発達するとは、得ると同時に何かを失うことであることがよくわかる漫画。

2 どんな辛い出来事も時間がたてば楽になるのか――トラウマという問題
1. ジュディス・ハーマン（1999）『心的外傷と回復〈増補版〉』中井久夫訳、みすず書房
   トラウマの戦慄的な面をこの本以上に実感させる日本語は、もう現れないかもしれない。
2. 森茂起（2005）『トラウマの発見』講談社選書メチエ
   トラウマの複雑な側面を、その歴史を丹念に考察することで余すところなく提示する。
3. 小林美佳（2011）『性犯罪被害にあうということ』朝日文庫
   当事者の言葉を超える言葉はない。トラウマを実感的に理解するために手記は重要。

3 精神障害者を多様性にひらく
1. 中井久夫監修・解説（2015,2016,2017,2018）『中井久夫と考える患者シリーズ 1「統合失調症をたどる」、2「統合失調症をほどく」、3「統合失調症は癒える」、4「統合失調症と暮らす」』ラグーナ出版
   概念にケアされるってことがあるんだな、と実感できる本。
2. 加古里子（1966）『かわ』福音館書店
   自然の中でひそやかに悠然と流れる川と人との生活の物語へ想像が膨らむ絵本。
3. 小澤勲（2003）『痴呆を生きるということ』岩波新書
   「問題行動」という範疇化ではなく、当事者の生きる世界と物語に目を見開かされた本。

4 「障害」はどこにある。ヒトの中？ それとも……？
1. 小松成美（2017）『虹色のチョーク 働く幸せを実現した町工場の奇跡』幻冬舎
   知的障害を超えて一緒に働くことにこだわった会社経営の哲学と実践そして当事者と家族。
2. 小道モコ（2009）『あたし研究 自閉症スペクトラム～小道モコの場合』クリエイツかもがわ
   自分語りで伝えられる体験世界のちがいが、互いをつなぐ環境の在りようを教えてくれる。
3. ユクスキュル＆クリサート（2005）『生物から見た世界』日高敏隆他訳、岩波文庫
   ヒトにとってあたりまえの世界が唯一無二ではないことを生物の世界体験が教えてくれる。

5 子どものアセスメントにおける難題
1. 青木省三（2012）『ぼくらの中の発達障害』筑摩書房
   精神科医によるものであるが、治療・研究対象ではなく、主観的、内面的に迫っている本。
2. 中田洋二郎（2018）『発達障害のある子と家族の支援』学研
   ADHDや家族支援における臨床や研究を牽引してきた心理臨床家の著書である。
3. サイモン，バロン＝コーエン（2011）『自閉症スペクトラム入門』中央法規

発達障害の障害特性，心理学的理論など分かりやすく解説されている。

6 文字を読むということ
  1．サリー・シェイウィッツ（2006）『読み書き障害（ディスレクシア）のすべて』藤田あきよ訳，加藤醇子監修，PHP研究所
    発達性ディスレクシアについて，その状態，背景から支援まで理解することができる。
  2．メアリアン・ウルフ（2008）『プルーストとイカ　読書は脳をどのように変えるのか』小松淳子訳、インターシフト
    「読む」という行為と脳機能の関係を、文字の歴史と絡めて述べている。
  3．井上智・井上賞子（2012）『読めなくても書けなくても勉強したい──ディスレクシアのオレなりの読み書き』ぶどう社
    当事者によって書かれた本。教員を志す人には是非読んでほしい。

7 脳と視覚世界との関わり
  1．金沢創・市川寛子・作田由依子（2015）『ゼロからはじめる心理学・入門──人の心を知る科学』有斐閣ストゥディア
    そもそも心理学って何でしょうか。心を調べることの面白さ、奥深さが分かる一冊。
  2．下條信輔（1996）『サブリミナル・マインド──潜在的人間観のゆくえ』中公新書
    泣くから悲しいのか、悲しいから泣くのか。「無意識」の世界に実験で迫る。
  3．V. S. ラマチャンドラン＆サンドラ・ブレイクスリー（2011）『脳の中の幽霊』山下篤子訳、角川文庫
    脳の損傷で生じるさまざまな不思議。脳に関心のある人必読の世界的ベストセラー。

8 運動と疲労
  1．宮下充正編著（2018）『疲労と身体運動』杏林書院
    疲労の理論的背景や各種スポーツと疲労の関係について解説されている。
  2．下光輝一・八田秀雄編著（2018）『運動と疲労の科学』大修館書店
    疲労が起こるメカニズムや栄養と疲労の関係について解説されている。
  3．大村裕・渡辺恭良（2009）『脳と疲労 - 慢性疲労とそのメカニズム』
    運動やストレスが原因となる慢性疲労の神経科学的背景が解説されている。

9 健康に深く関わる生物時計のふしぎ
  1．本間研一・本間さと・広重力（1989）『生体リズムの研究』北海道大学図書刊行会
    時間生物学研究の理論からヒトの生体リズムと健康の関係まで幅広く網羅されている。
  2．井上慎一（2004）『脳と遺伝子の生物時計──視父叉上核の生物学』共立山版
    生物時計の構造や時計遺伝子によるリズム発振の仕組みをわかりやすく解説している。
  3．ティル・レネベルク（2014）『なぜ生物時計は、あなたの生き方まで操っているのか？』渡会圭子 訳、インターシフト
    生物時計と健康の関係、クロノタイプ、社会的時差ボケについて解説している。

10 ヒトが他者と関わるしくみを明らかにする
  1．山岸俊男監修（2011）『徹底図解 社会心理学──歴史に残る心理学実験から現代の学際的研究まで』新星出版社

社会心理学の重要な知見を豊富な図解でわかりやすく説明している。
  2．村井俊哉（2007）『社会化した脳』エクスナレッジ
  社会神経科学の概要や最新の知見をわかりやすい文章でまとめている。
  3．宮崎真・阿部匡樹・山田祐樹ほか共編著（2017）『日常と非日常からみるこころと脳の科学』コロナ社
  脳科学の最新かつ興味深いトピックを、最前線の現役研究者が紹介している。

11 身体技法：教育をからだの次元から考える
  1．井上俊・伊藤公雄編（2010）『身体・セクシュアリティ・スポーツ』世界思想社
  身体技法をはじめ、からだをめぐる重要な概念や著作がわかりやすく解説された良書。
  2．井上俊・菊幸一編（2012）『よくわかるスポーツ文化論』ミネルヴァ書房
  からだと社会的秩序の関係の解読を基調にして、広範なトピックを網羅したスポーツ文化論の教科書。
  3．多木浩二（1995）『スポーツを考える』ちくま新書
  日本語で読めるスポーツ論ではいまだ最高峰の著作。からだと社会的秩序の関係も卓抜に整理されている。

12 障害者スポーツの可能性とできない身体の創造性
  1．井上雄彦『リアル1〜14』集英社
  車椅子バスケットボールを題材にした漫画。「イスバス」の魅力と障害のある人びとの葛藤が描かれる。
  2．熊谷晋一郎（2009）『リハビリの夜』（シリーズ・ケアをひらく）医学書院
  脳性まひ者である著者が自身のリハビリ経験を痛いや気持ちいいという観点からユーモラスに回想する。
  3．立岩真也（2010）『人間の条件　そんなものない』（よりみちパン！セ）新曜社
  「できること」＝能力で人間の存在価値が決められてしまう現在の社会に疑問を投げかける一冊。

13 身体文化のポリフォニー
  1．山本徳郎・杉山重利監修（2006）『多様な身体への目覚め—身体訓練の歴史に学ぶ』アイオーエム
  近代の身体管理の歴史を通じて、今日を生きる多様な身体存在の重要性の認識につながる良書。
  2．望月幸男・村岡健次監修（2002）『スポーツ』（近代ヨーロッパの探究8）ミネルヴァ書房
  ヨーロッパにおける身体の規律訓練の歴史から近代の読み解きを理解する上で恰好の論集。
  3．アレン・グットマン（1997）『スポーツと帝国——近代スポーツと文化帝国主義』谷川稔他訳、昭和堂
  文化ヘゲモニー概念からスポーツ伝播を分析。文化多元主義と多文化主義の対比に役立つ。

II

学びと教育

Ⅱ　学びと教育

　本書のタイトルでもある「レッスン（lesson）」は、学ぶことと教えることを意味する両義的な語である。この語はフランス語 leçon から英語に採り入れられ、もとはラテン語 *lectio* にまで遡る。*lectio* は声に出して読むことを意味し、古代から中世にかけて、読書とは専ら声に出して朗読することであった。今日の大学の主要な授業形態である講義（lecture）もまたその語形が示すように同じ語源であり、講義、つまりレッスンの原型は教える者と学ぶ者が朗々と書物を読み上げる営みであった。漢字の「教（敎）」と「学（學）」の古い字形がよく似ているのも、漢字文化圏でも教えと学びが不可分であったことを示唆している。

　教えと学びがはっきりと対立させられ、方法論として意識されるようになったのは、近代学校において一斉教授方式が――同じ時間に、同じ場所で、一斉に同じ事柄を教える――、広く採用されてからである。社会全体の分業化の進展とともに、次世代育成という社会の存続にとって不可欠の営みもまた分業されるようになり、学校という特定の場で教師という専門職が、一定期間、集中的にこれを担うようになっていった。そのことの帰結として、教える者と学ぶ者との役割は固定され、世代間で営まれる相互行為としての〈教え＝学び〉という側面が見失われてしまった。第Ⅱ部ではまず、この世代間関係行為である〈教え＝学び〉の双方向性に着目していくことにする。

　学校における一斉教授の普及は知識を万人に広め、より複雑な社会生活を営むことを可能にした。近代教育学の父コメニウスが述べたように、「教育されなければ人間になることができない」という時代の到来である（『大教授学』1657）。しかしラテン語原文をよく読めば「教育されなければ」という箇所は「規律化されなければ（*nisi disciplinetur*）」と訳出すべきである。万人識字という理想実現の根底には、本来、栄養を与え生を養うことを意味した education が discipline と同一視さ

れ、学ぶ者を規律によって縛り、教師に従わせるという教育観の正当化が据えられている。コメニウスが「規律とは生徒（*discipli*）を学ぶ者（*discipli*）たらしめる的確な方法」というふうに述べたとき、その念頭にあったのは、当時、先端技術であった活版印刷のプレス機であり、どんな紙でもプレス機で締めつけられるように、いかなる生徒も規律で縛られることが不可欠であると考えられていた（『大教授学』）。今日、規律本位の教育観の限界は極限に達しており、新たな授業形態の模索がはじまっている。

　さらに一斉教授のもつ困難は教える側にも現れる。教師は多様な生徒を学習へと動機づけることが難しい状況下で教えることを余儀なくされる。かつてのような職業を共有する徒弟制では、将来の生業を得られるという見通しだけで親方を模倣する動機づけとしては十分であった。しかし「人間になることができない」という漠然とした理想や脅しだけで、学ぶ意欲を調達するのは相当困難であり、つねに学校に通わなければならないこと自体が疑問にさらされてきた。かくて〈教育（education）〉が生徒の能力を引き出すというフィクションが考案され、学力によって将来の職業が左右されるという疑似徒弟制的な言辞を蔓延させることになった。ここでは教育をめぐる様々な神話の根拠が問い直されるだろう。

　この社会で生きていくには何が必要かという原点に立ち返って、いま一度、何を学び、いかに教えるかということが自由な視野に立って吟味され直すことが必要である。教授内容はもとより教科の枠組みさえ自明ではない。さらにマジョリティ中心に組織された社会で生きづらさを抱えるマイノリティの身になって考えてみることは、多様性へと開かれた社会を構想・実現する教育にとって不可欠である。学びと教育が抱え込む様々な自明性が批判的検討に付されるとき、教育学という学問の自由の真価が発揮される。

（白水　浩信）

1 education は能力を引き出すことか

白水 浩信

> キーワード：*education* の原義、ラテン語 *educare* と *educere*、
> 教育学 (pedagogy) の誕生

1．education の翻訳語——教導・教育と「引き出す」

「教育」は education の翻訳語として発案されて普及し、いまを覆っている言葉である。明治維新、education を「教育」と訳すことに抵抗がなかったわけではない。翻訳文化を先導した箕作麟祥もその一人。箕作は文部省の命を受け、イギリスの大衆向け百科事典（1867）の EDUCATION の項目を日本語訳して刊行したが、書名は『百科全書　教導説』(1873) だった。学校の営みを「教育」を冠して語ることには依然違和感を覚えていたようだ。しかしわずか5年後、再版するにあたって箕作は『百科全書　教育論』(1878) と改題しており、「教育」が education の訳語として定着する趨勢に加担し、時流は決した。翌 1879 年には「学制」に代えて「教育令」が公布される。

この「教育」= EDUCATION と共に日本に移植されたのが、教育とは能力を「引き出す」ものだとする、歴史的錯誤にもとづく異様な観念である。箕作の『教導説』に次のような一節がある。「教導ノ原語タル「エヂュケート」ノ字ハ元ト羅甸語「エヂュカーレ」ヨリ由来スル所ニシテ其本義ハ誘導ノ意ナリ」「元来人ハ其天然粗魯不動ノ者タルカ故ニ必ズ外力ヲ以テ其心ノ能力ヲ誘導シ之ヲ活動セシメテ巧妙ニ至ラシメザルヲ得ザルニ在リ」。「心ノ能力ヲ誘導シ」の原語は「諸能力を引き出す（draw forth his faculties）」である。

おそらくこれは日本における education の語源的説明としては最初の記述である。英語 education はラテン語 *educare* に由来するが、そこに「引き出す」の意味はない。だがチェンバースは〈教育 (education)〉を「引き出す」ことと定義する。チェンバースの『英語語源辞典』(1871) でも、educate は「精神力を引き出す（educe or draw out the mental power）」ことだと定義されていた。こんなふうに〈教育 (education)〉を〈educe〉と結び付けて定義

することは、英語 educe は直接にラテン語 *educere*（引き出すこと）を語源とするものなのだから、英語 education の語源をラテン語 *educere* とする謬説に基づいているにすぎない。ここに、〈教育（education）〉の原義を「能力を引き出すこと」に求める〈教育学神話〉の日本における端緒があった。

2．education への懐疑と蔓延

19世紀英国にあって自ら装飾芸術を手がけ、民衆芸術復興を目指した社会運動家ウィリアム・モリスは『ユートピアだより』（1890）を著している。22世紀にタイムスリップするという斬新な筋立てで、工場の排煙もなく、テムズ川も澄みきった未来のロンドンでは、子どもたちが森の芝生でテントを張ったり焚き火をしたり、溌剌と楽しんでいる。その光景を眺めていた「私」は、てっきり今は夏休みなのだと勘違いして、これだけ休暇を楽しんだ後ならまた一段と新鮮な気分で学校に戻れるのでしょうねと同伴者に問いかける。すると思わぬ答えが返ってくる。「学校(スクール)？」「はて、どういう意味でしょうか。それと子どもがどうかかわるのでしょう。たしかに鰊の群(スクール)だとか、画家の流派だとか言います。群という意味なら、子どもの群(スクール)とは言えるけれども……」。こうした珍問答を通して「私」は学校がすでに消え去ってしまったことを悟り、気を取り直して「教育(エデュケーション)の制度の意味でその語をもちだしたのです」と釈明する。すると今度は「教育(エデュケーション)？」「ぼくだって多少ラテン語をかじっていて、その語が「エデュケーレ（*educere*）」つまり「導き出す」に由来するはずだということぐらいはわかります。……でも、それがどういう意味か、ちゃんと説明してくれる人に出会ったことがないなあ」という有様。学校を「少年飼育場(ボーイ・ファーム)」と揶揄してやまないモリスにとって、学校（school）も教育（education）も胡散臭い(うさんくさ)代物であったことが分かる。ここでモリスが education の由来として挙げている語は *educare* ではなく *educere* である。モリスにとって胡散臭いのは、「能力を引き出す」こととされた〈教育（education）〉だった。

この education の原義を「能力を引き出すこと」に求める〈教育学神話〉が蔓延する時流によほど業を煮やしたのだろう。折しも同じ頃、スコットランドのセント・アンドリュース大学で古典学を講じていたジェームズ・ドナルドソンは、まことしやかに流布する〈教育学神話〉を断罪する一石を

投じている。「education は元々乳母による子どもの養育・世話を意味するラテン語 edŭco (*educare*) に由来する。確かに引き出すという意味の edūco (*educere*) と語源的に結びつけられているが、ローマ人が educatio を「引き出す (drawing out)」という観念と結びつけていたなどということは到底あり得ないことである」(『教育百科全書』1877)。〈教育学神話〉を毅然と一蹴している。近代人の都合で改竄された語源説が跋扈する様を古典学者の矜恃が許さなかったのだ。

にもかかわらず、歴史の表層で時流に棹差し安易に惰性に流れる趨勢はとどまるところを知らない。同時代人でイギリス初の教育学教授ジョセフ・ペインは次のように説明していた。「educate の語源である *educare* は *educere* と次の点で異なる。*educere* は一回性の行為として引き出すのに対して、*educare* は何度も繰り返し継続的に引き出す。さらに *educare* は教育 (educate) によって能力を引き出す (draw forth faculties) という意味になる」(「教育学講義」1871)。さすがに、〈教育 (education)〉の直接の語源を *educere* とすることは憚られている。しかし、〈教育 (education)〉の定義を「引き出す (draw forth)」とすることに固執し、*educare* が何度も引き出す意味であるというあまりに荒唐無稽、眉唾ものの語源説を披露している。

アメリカ新教育運動を主導したジョン・デューイも「教育 (education) とは「抽きだすこと ("drawing out")」を意味する」という説は「すばらしい (excellent)」と、一定の留保をしつつも述べる始末 (『学校と社会』1899)。フランス教育科学運動の旗手ガストン・ミヤラレもまた、éducation の語源は *educere* と *educare* という二つの語に遡り、もとは同じ *ducere* (導く) ことに由来するとの語源説を開陳する (『教育科学』1984)。これは「教育科学 (les sciences de l'éducation)」を樹立せんとするミヤラレの強い思い入れのなせる技でしかなかったろう。

3．education の旋回と 教育学 (pedagogy) の誕生

歴史の深層を少し探れば、古典ラテン語における *educare* と *educere* の違いは明白だったことがすぐにわかる。4世紀に著されたノニウス・マルケルス『学説集』には、ドナルドソンの主張を裏づける語釈が提示されている。「*educere* と *educare* には次の違いがある。*educere* は外に引き出すこと

であり、*educare* は食物を与え養うこと、前へ連れて行くことである。ウァローは『カトー、あるいは子どもの養育について』のなかで、「産婆は引き出し（*educit obstetrix*）、乳母は養い（*educat nutrix*）、子守りはしつけ、教師は教える」と述べている。ラテン語 *educatio* は、このうち「養う（*educat-educare*）」の名詞形だ。2世紀ローマのアウルス・ゲリウス『アッティカ夜話』にあるように、「人類の教育者（*educator*）とは肉体の聖なる泉たる女の胸」だった。

　ではなぜ栄養を与え、養うことを本義とした *educare* が、引き出すこと、外に導くことを意味する *educere* と混同されてしまったのか。この謎を解く鍵は、education が新奇な外来語として西欧諸語に登場した15〜16世紀にある。ちょうどその頃、英語 education あるいはフランス語 éducation は、ラテン語からの借用語として用いられはじめていた。それゆえ当初は養育するという意味の身近な語彙、bringing up や nourriture によって添え書きされることによって補足されることがしばしば見られた。〈教育（education）〉もまた、ルネサンス時代に開花した翻訳文化の一つの精華として受容されたものである。しかしそれは、本来、栄養を与え養うことを意味したはずのラテン語 *educatio* の語義を導くこと、引き出すことへと旋回させ、僭称するプロセスのはじまりでもあった。ギリシア語で子ども（pais）を導くこと（agogē）を意味する「パイダゴーギア」を語源とする教育学（pedagogy）にとって、「導くこと（agogē）」の学として、〈教育（education）〉の原義もまた *educere* とせねばならなかった。教育学が「人間を導く（agogē）技術の中の技術」（コメニウス『大教授学』1657）としてあり続けるために、その要となる〈教育（education）〉という言葉の起源においても、人間の能力を引き出し、導くというフィクションが必要だったのである。

　以上のような〈教育〉の原義書き換えのプロセスを解明することは、教育学が依って立つ語彙基板の隠された歴史的地滑りを明らかにし、それに規定されている教育学の問題関心そのものを批判的に検証していくことにつながっているのである。この作業は、〈教育〉史、あるいは〈教育〉の系譜学と呼ばれる。

子育て
2 子どもを育てるのは誰か

川田　学

> **キーワード：子育て、発達、未熟さ、家庭教育、保育**

1．人間発達と子育て

　人間は、ほ乳類の仲間である。命のはじまりである受精卵は生物学的な母親の胎内で胚となり、様々な器官が分化・発生して胎児となる。胎盤と臍帯（へその緒）によって酸素・栄養の供給を受け、二酸化炭素や老廃物の排出の助けを受けて命を育む。満期産の場合、9カ月半あまりを胎内で過ごして、外界に誕生する。誕生後は母乳や母乳に成分を近似させた人工乳をほ乳瓶で摂取し、生後半年ほどで固形食（離乳食）を食べはじめ、徐々に多様な食材を摂食できるようになる。その間も、24時間365日、養育者のケアを必要とする。

　人間は、霊長類の仲間である。ほ乳動物として、胎児期から発達初期の母親の役割を無視することはできないが、それにも増して、子育ての集団的性格が認められる。動物学では、アロマザリングとかアロペアレンティングと呼ぶが、母親や血縁関係のある他個体のみならず、非血縁者も含めたじつに多様な他者が、一人の子どもの育ちに関与するのが霊長類の共通特徴といえる（"アロ"とは"他による"という意味）。親は、生得的な能力（いわゆる"本能"）で子育てができる部分は小さく、生後の社会的経験と社会的ネットワークに支えられて子の養育をすすめていく。他の霊長類の仲間も、その点では人間と同じである。

　人間は、歴史的・文化的存在である。つまり、先行する世代が築き上げた地平の上に生まれ、そこから発達をはじめる。歴史が元に戻ることはなく、したがって、発達もその歴史的状況に固有の展開をみせる。こうした人間発達の特徴は、歯車が逆回転しないように止める道具を思わせるので、比較認知科学者のマイケル・トマセロは、『心とことばの起源をさぐる』（2006、勁草書房）の中で"ラチェット効果"と呼んでいる。人間発達は、生物学的側面と歴史・文化的側面を、一体的・統合的に理解される必要がある。

2．人間の赤ちゃんの"未熟さ"

　満期産で誕生した新生児は、種としての定型的な移動手段（独立二足歩行）と交流手段（ことば）を使いはじめるまでに、おおよそ1年かかる。これらをある程度不自由なく使用できるためには、さらに1～2年の時間を必要とする。人間は、発達遅延を常態化させた種だと考えられている。なぜなのだろうか。

　動物の子どもは、ウマやウシのように、誕生後間もなく自立移動し、積極的に環境内を探索する"離巣性"のタイプと、イヌやネコのように生まれたときは目も耳も閉じ、運動機能も微弱で親（巣）に全面的に依存している"就巣性"のタイプに分けられる。人間はどうか。運動機能の未熟さからすれば就巣性のようだが、視覚や聴覚などの感覚器官がよく発達している点は離巣性の動物と共通している。移動運動機能と認知機能が"ちぐはぐ"な、不思議な赤ちゃんである。

　ドイツの動物学者アドルフ・ポルトマンは、『人間はどこまで動物か』（1961、岩波新書）という本の中で、生理的早産という概念を提示した。曰く、本来人間の子どもはあと数カ月間は胎内に留まっているはずで、生まれて間もなく自立移動をする就巣性のタイプなのだが、ある理由で慢性的に早産するようになった種なのだ、と（生理的早産説）。その理由とは、脳の大型化（子ども）と二足歩行による骨盤の変形と産道の狭窄化（母親）である。より長く胎内に留めれば子どもの生存や環境適応にメリットがあるが、大きくなりすぎると出産リスクが高まる。人類進化の過程で、子どもの生存と母親の生存のバランスを取った結果が、在胎9カ月半・身長50cm・体重3000g・脳重量400gという現生人類の新生児と考えられている。

　人間の赤ちゃんは、その認知能力に比して移動運動能力が弱い。外界に気づき、関心を持っても、自ら探索することができない。その意味では、とても不自由な存在である。しかし、人間の赤ちゃんには、「知る」チカラと「働きかける」チカラのギャップを埋める心理機能がある。それが感情・情動である。出生間もなくから、泣きや自発的微笑（生理的変化に伴う快表情）があり、養育者はそれをサインとし、相手を心の世界を持つ存在として働きかける。生後2カ月にもなると、泣き方は数種類になり、アイコンタクトが成立し、社会的微笑（人に対して微笑む）が現れる。以後、赤ちゃんは自分

では動くことはできなくとも、泣いたり笑ったり声を出したりして、他者を介して外界に関わる。このように、経験や学習の仕方が発達初期の段階から間接的・媒介的であるところに、人間発達の重要な諸特徴（記号・言語、思考・想像、労働・協同性、自我等）が生じていくと考えられる。

3．子どもを育てるのは誰か？

　人間発達の社会的性格は、その子育てのあり方に現れる。近代化・都市化が進んだ現代日本では、子育ての担い手は核家族の親に集中している。とりわけ、母親への依存度は高く、子育て支援の現場では俗に"ワンオペ育児"などと呼ばれている（ワンオペ= one operation =一人ですること）。ベネッセ教育総合研究所による「幼児の生活アンケート」によれば、幼児の平日放課後の遊び相手は「母親」と回答した割合は、1995年の55.1%から2015年の86.0%へと大きく増加した。子育て期の母親の「孤立」も深刻化している。

　母親がほとんど一人で子育てをする状況というのは、アフリカのサバンナにおける狩猟採集社会（サン等）でもみられる特徴である。それは乾燥地帯での狩猟採集という、食料資源に乏しい環境下でのサバイバルの結果と考えられている。母親の出産間隔は長く、授乳期間は2年以上、少ない子どもを濃密かつ専従的に育てることにより、命をつないできたのである。しかし、母親同士、またコミュニティの他の成員との交流は日常的で、「孤立」はない。

　一方、同じアフリカの狩猟採集民でも熱帯雨林に住むピグミーでは、幼子に対して母親以外の多くの人びとが関わり、育てる。ある研究では、赤ちゃんが関わる様々な他者の内、「他の子ども」が生後5カ月ですでに3割、2歳にもなると5割以上となり、母親よりもはるかに多くなる。このように、誰がどのように子育て（や家事労働）に関わるかは、その生活環境や社会のあり方との関係で調整される相対的な問題である。

4．家庭教育と保育

　現代のわれわれの社会で、子育てが母親に依存している状況は何によってもたらされているのだろうか。まず、明治維新以降の近代化政策の中で導入された「家庭」や「家庭教育」という概念に遡ることができる。江戸時代は、庶民では父親も子育ての重要な担い手であり、育児書の多くも父親向けに書

かれていた。維新後、国策として学校教育を振興する過程で、学校教育を補完する役割としての「家庭（教育）」が創出され、母親がその主たる担い手と位置づけられた。明治後期から大正時代になり、都市新中間層とよばれる近代家族の形態が普及することにより、「家庭教育」への意識は広く浸透した。この〈近代家族（核家族）×母親による子育て＝子どもの良い育ち〉という方程式が、戦後も引き継がれることになった。

　戦後はさらに、母子愛着理論の影響を大きく受け、すでに"伝統"となっていた上の方程式が、"科学"によって根拠づけられた。ヨーロッパでは20世紀前半の2回の大戦で大量の孤児を生み、その処遇が大きな社会問題となった。国際機関による調査から、施設児の発育不良は母性剝奪（maternal deprivation）によるとされたことが、「母親」への育児依存に拍車をかけることになった。しかし、母性剝奪とは、母親によるケアの不足の意味ではなく、非匿名的で受容的な関わりの不足のことである。それを、実体としての「母親」と理解したところに、"科学"的知見が政治的・経済的意図の下に歪曲して受容される歴史を読み取ることができる。その後、「3歳までは母の手で」という三歳児神話が流布し、子育ての"常識"と目されたが、母子保健や保育政策の主務官庁である厚生省（当時）が、1998年に「合理的根拠が認められない」と明言した。

　「子どもを育てるのは誰か？」という問いに答えるのは容易ではない。少なくとも、実証研究（エビデンス）だけで結論を出すことはできない。それは、社会のあらゆる要素が参加する、闘争の場に立ち現れる問いなのである。現代日本では、子育ての担い手としての「保育」（保育所等）が注目されている。母親への依存と孤立を防ぐためにも、保育の果たす役割は大きい。しかし、厚生省が三歳児神話を否定し、1990年代の後半から保育所を増設しはじめた背景には、平成不況と労働力不足に対する女性労働力への期待（政財界の）があることも見逃してはならない。

　家族のあり方や子育ては理想だけでは成立しないが、どのような子育てを望むのか、子どもにとっていま必要な子育て環境とはどのようなものなのか、社会的な議論が不可欠である。「子どもを育てるのは誰か？」は、人間発達と教育・社会を総合的に考察する、基本的かつ応用的な問いではないだろうか。

> 社会化

3 子どもは大人を社会化するか

伊藤 崇

> キーワード：家族、子ども、社会化、エスノグラフィー

1. 社会化とは

　社会的・文化的に望ましい行動や考え方ができるように、親や周囲の大人が子どもに対して範を示したり言葉で教えたりすることを通して、子どもが社会の一員としてふさわしい者になる過程を、専門的には「社会化」と呼ぶ。社会化については、社会学や発達心理学といった、子どもと社会との関係を扱う学問領域でさかんに研究されてきた。

　家族という集団は、そこに生まれた子どもの社会化機能も持つ。公共の場で子どもが騒いでいると、「あの子の親はどのようなしつけをしているのだ」と言うかのように、周囲の大人が冷たい視線を浴びせるかもしれない。子どもを社会化させるのは家族の役目だとする考え方があるからだ。

　社会化とは、大人が子どもを変化させる過程だと考えられている。子どもは社会に共有された価値や規範に関する知識を持たないので、それらを知る大人が教えなければならない。この構図では、子どもは大人から一方的に変化させられる存在として理解される。

　しかし、家庭の日常生活を詳しく見てみると、社会化は実はそう単純な過程ではないことが明らかになってきた。結論から述べると、家庭での親子間コミュニケーションには、子どもが親を変化させる側面もあるのである。それは具体的にどのようなことか、海外と日本のそれぞれの家族の日常的な会話を例として説明する。

2. 相互的な社会化

　子どもが大人を質問攻めにすることはよく知られている。次の例1はイタリアの家庭で観察された会話の一部である。夕食時、10歳のルカが父親に質問をしたところ。

　　例1　ルカ：聞いて、お父さん

父　：何？
ルカ：お父さん、緑の消毒液を塗ったらケガのところがだんだん黒くなってるんだけど
父　：はあ
ルカ：なんで？
父　：ケガ？
ルカ：昨日転んだときに
母　：ケガっていうのはさ、ルー、やったことないから知らないと思うけど、だんだん黒くなってかさぶたになって、ぽろっとはがれるの、ケガしたところはちょっと白くなる
ルカ：でもそしたら
母　：そしたら元通りになるから
(Pontecorvo, Fasulo & Sterponi 2001: 355 より。原文の英語を筆者が訳した)

　そもそも、なぜ子どもは親に質問するのだろうか？　おそらく、子どもにとって親とは、子どもの知らないことを知っている存在なのだろう。
　しかし、そうだろうか？　かさぶたのでき方やその機能について医学的・生物学的に適切に答えられる大人はそう多くないだろう。それでも例1の母親は、皮膚にできた黒いしみが気になるルカの質問に対して、彼女なりに真摯に答えていた。
　ルカがこのような質問をしなければ、母親がかさぶたについて説明する機会はなかっただろう。ルカが質問してくれたおかげで、「子どもの質問に答えるべき存在としての親」になることができた。さらに、母親の「回答者」としてのスキルが向上したかもしれない。つまり、親が成長する機会を子どもが与えた、と言うことができそうだ。
　この会話に注目したポンテコルヴォたちは、「子どもが『子どもとして』社会集団の有能な一員になる過程に従事する一方で、親は『親として』社会集団の有能なメンバーになる過程に従事する」(Pontecorvo et al. 2001: 344)と述べ、これを「相互的な社会化」と呼んだ。
　要するに、大人が親になるためには、子どもからの「手助け」が必要なのである。このとき、子どもは明確な意図をもって親を社会化しようと手助けしているわけではないだろう。子どもの行為はコミュニケーションの帰結として親への「手助け」となったのである。

3．夫婦の会話を成り立たせる子ども

　親が親となるためには、子どもによる何らかの行為が必要となる。言い換えると、子どもの協力があってはじめて、親は親となる。

　子どもの行為が大人に貢献するのはそれだけではない。子どもの巧みな行為によって、家族の他のメンバー同士の会話が成立することもありうる。

　子どもは、大人同士の会話に、大人の都合を気にせず、自分勝手なタイミングで割り込んでくるものと考えられている。大人に話しかけたとき、「ちょっといま大事な話をしているから」とか「うるさい！」などと注意された経験のある人は少なくないだろう。

　しかし、家族の日常会話を調べてみると、子どもが親に話しかけるのを途中で止めるケースも観察された。次の例は、日本の家庭で撮影された日常会話を分析したものである。とある休日、リビングルームに兄（4歳）と弟（2歳）、そして父親がいる。父親は新聞をテーブルに広げてのぞき込むように読んでいた。母親は隣にある台所で何か家事をしていたようだ（ビデオには映っていない）。

　例2　1　父：んふふ大変だ（新聞を読みながら）
　　　　2　兄：んあ？（父親に視線を向ける）
　　　　3　父：ん？（兄に視線を向ける）
　　　　4　父：この会社、扶養手当廃止になるんだよ
　　　　　　　（体を起こし、台所の母親へ視線を向けながら）
　　　　5　母：え？
　　　　6　父：扶養手当廃止になるんだ（ふたたび新聞に視線を落としながら）
　　　　7　母：（何か言っているが聞き取れない）
　　　　（伊藤 2015: 142 より。一部を省略するなど改変した）

　例2で起きていたことを説明してみよう。1行目の父親の発話は、新聞を読みながら発せられたつぶやきのようなものだった。同じ部屋にいた兄はそれを聞いて「んあ？」と言いながら父親の方に視線を向け（2行目）、父親もまた自分に視線を向けた兄に対して視線を向けた（3行目）。次いで、父親は母親の方に視線を向けて呼びかけるように発話をした（4行目）。母親の聞き返し（5行目）に対して父親はもう一度発話をし（6行目）、母も返答をする（7行目）。このようなやりとりとして理解できる。

　重要なのは、2行目以降、兄が一言も話していない点である。普通は、視

線が合った父と兄の間で会話が続きそうであるが、ここではそうなっていなかった。その代わりに起きたのは、父と母との間の会話であった。

　ここで指摘したいことは、子どもが発話しないことの帰結として、父と母による会話が成立していたという事実である。言い換えると、「発話を控える」という子どもの行為が、夫婦間の会話を成り立たせていたのである。

4．まとめ

　大人が、親として、あるいは夫婦としてふるまうことができるのは、子どもの行為のおかげである。このような主張は意外かもしれないし、詭弁だと感じられるかもしれない。

　しかし、こう考えてみれば納得できるのではないか。大人が子どもを指導する際には、子どもの方でも「指導される存在」として行為しなければ、大人の指導が成立しない。例えば、学校の授業中に私語をせずに教師の話を聴くという生徒の行為は、教師の指導という行為を成立させるのに欠かせない。双方の協力がなければ授業という活動は成立しないのである。

　子どもは大人から一方的に指導されるひたすら受動的な存在なのではない。大人とのコミュニケーションに能動的に貢献し、ときに大人が親になったり教師になったりする「手助け」をする存在なのだ。

　最後に、筆者の研究手法について述べる。ここで挙げられた二つの例は、家族の日常会話を観察・記録し、その分析を通して、「人々がいかにして日常生活を成立させているのか」という問いに答えようとした研究からの引用であった。そうした研究が基づく方法は、人々の生活を記述する「エスノグラフィー」と呼ばれるものである。エスノグラフィーの対象は、都会から遠く離れた辺境の地に住む人々の暮らしばかりではない。本章で検討したように、私たちの普段の暮らしもエスノグラフィーの対象となりうる。これにより、普段は気づくことのない、日常を支える私たち自身の行為の意味について理解することができるのである。

　　■主な引用・参考文献
　　伊藤崇（2015）「幼児による家族内会話への傍参与の協同的達成」『認知科学』22、138-150頁
　　Pontecorvo, C., Fasulo, A., & Sterponi, L. (2001). Mutual apprentices: The making of parenthood and childhood in family dinner conversations. *Human Development*, 44, 340-361.

動機づけ

4 やる気を理解すること

大谷 和大

> **キーワード：動機づけ、報酬、競争、興味、能力**

1．動機づけとは

　動機づけ（やる気の学術用語）とは、我々の行動を始発させ、維持するいわば心のエネルギーのようなものである。抽象的な概念であるが、動機づけは我々にとってかなり身近な存在である。これまで親や先生あるいは友人から色々な側面で動機づけられてきたであろうし、今後、塾などでのアルバイト、仕事、子育てなどで人を動機づける機会に溢れているだろう。

　一方、我々は動機づけについて正しい知識を持っているとは限らない。様々な誤解や誤った習慣、素朴理論が蔓延しているのも事実である。例えば、動機づけは「やる気スイッチ」のメタファーに代表されるように、スイッチを押すとやる気がすぐさま ON になるという単純なものではない。将来、モチベーター（動機づける人）になるためには、動機づけに対して正しい知識を持ち、動機づけを俯瞰的に捉えること、いわばメタ動機づけが重要である。メタという用語は、「高次」という意味があり、動機づけを高次に捉えるということである。以下に、動機づけに関する素朴理論と研究知見が相違する事例を紹介する。

2．動機づけに関する素朴理論

（1）報酬はやる気を引き出す？

　報酬の効果については、多くの人がその効果を信じて疑わないのではなかろうか。例えば、子どもにやる気を出させるために、おやつやおもちゃなどのご褒美で釣ることは想像に難くない。事実、行動主義と呼ばれる学習心理学の分野では、報酬が行動を促進（強化と呼ばれる）することが古くから報告されてきた。一方で、Deci（1971）が行った実験では、報酬が内発的動機づけ（興味や楽しさ）を阻害することが報告されている。この実験は報酬の有無がパズル課題の取り組みにどのような影響を及ぼすのかというものであった。セッションは全部で3つあり、その中で参加者は課題に取り組んだ。

この時、セッションの合間には休憩時間があり、参加者は部屋の中で何をしても良いことが告げられていた。部屋の中には雑誌などと共に、実験に使うパズルも置いてあり、実はこの時パズルを使った時間がこっそりと計測されていたのである。結果、報酬（お金）を約束された条件では、報酬を約束される前よりも自発的にパズルに触れる時間が減ったが、無報酬条件ではむしろ触れる時間が増加した。これは報酬が内発的動機づけを低下させることを示すものであり、アンダーマイニング効果と呼ばれる。報酬の与え方には注意する必要がある。

（2）競争的な環境だとやる気が出る（進学校に行くとやる気が出る）？

日本には、「井の中の蛙大海を知らず」ということわざがあるように、外の世界で揉まれることが良いことと考えられている。同様に、競争的な環境に置かれるほうが、動機づけが高まると考える人が多いのではなかろうか。わが子の受験に熱心な親も少なからずそういう信念を持っているのであろう。

マーシュら（Marsh & Hau 2003）が行った研究によると、必ずしもそれは正しくない。彼は、26カ国の15歳の生徒のデータを用い（PISA調査のデータベース）、成績と学業自己概念との関係について生徒水準と学校水準の2つで解析した。なお、ここでの学業自己概念は、勉強への自信の程度と捉えて問題ない。その結果、生徒水準では、成績が高い者ほど、学業自己概念が高いというものであった。一方、学校水準では、成績が高い学校ほど、そこに所属する生徒の学業自己概念が低いという、生徒水準とは逆の結果が得られた。成績が高い（日本でいう偏差値が高い学校）ほど、成績が高い生徒が集まりやすい、その結果本人は相対的にみると成績が高いにもかかわらず、周りには自分と同等以上の者が多くいる。こうした者と比較することにより、学業自己概念が低下すると考えられる。この現象は「小さな池の大きな魚効果（Big fish in Little pond effect）」と呼ばれ、小さな集団でも大きな魚になることの重要性が説かれている。

（3）褒めるとやる気がでる？

褒めることの効果も多くの人が疑いを持たないのではなかろうか。確かに褒められると嬉しくなって、やる気がでそうなものである。しかし、褒める

ことは案外難しい。例えば、簡単な課題を達成して褒められると「自分はそんなに頭が悪いと思われていたのか」と逆に落ち込んでしまうかもしれない。また、どういった側面に着目して褒めるのかでも効果は違ってくる。カミンズとドゥエック（Kamins & Dweck 1999）は幼児に2種類のビグネットを提示する実験を行った。一つは課題を達成して**能力**を褒められる群（すごいね）、もう一つは課題を達成した際に努力したことを褒められる群（頑張ったね）であった。その後、それぞれのビグネットが今度は失敗した際にどのような反応をするか想像させたところ、能力を褒めた群のほうが高い無力感を示した。能力の高さは努力に比べ容易に変えにくいため、失敗は能力が低いということを意味する。その結果、自尊心を低めるのである。また、能力が褒められると、次も成功しなくてはというプレッシャーも高まる。褒める際には、能力に焦点化しないような褒め方が重要である。

3．動機づけ研究の最前線

　動機づけ研究は、こうした動機づけの諸側面（能力観、**競争**、興味　etc.）について新たな知見を提供し、正しい知識を産み出す作業だといえよう。正しいと考えられる知識を産み出すには、方法論について厳密さが要求される。近年では、ニューロイメージングや生理指標を用いた精緻な実験や、縦断的調査データを分析するために高度な統計モデリングが用いられている。また、教育介入研究も近年積極的に行われている。代表的なものに、マインドセット介入（Paunesku et al. 2015）、価値介入（Harackiewicz et al. 2016）がある。マインドセット介入について、能力を固定的に捉える者ほど、失敗に打たれ弱く、様々な問題を抱えやすい。マインドセット介入では、教育プログラムにより、能力観を柔軟なものに変えるトレーニングを施す。価値介入は、例えば、学習内容について自分自信に対する価値を作文させるというものである。ごく簡単な介入であるが効果が示されている。詳細は引用文献を参照されたい。

　以上のように、動機づけは身近な存在であるが、誤った理解も多い。動機づけ研究は人のやる気のメカニズムを解明すること、またはそれに介入するなど応用的な側面を明らかにする。こうした地道な研究が教育実践の意義を確認したり改善したりすることにつながるのである。

■主な引用・参考文献

Deci, E. L. (1971). Effects of externally mediated rewards on intrinsic motivation. *Journal of Personality and Social Psychology*, 18, 105-115.

Harackiewicz, J.M., Canning, E.A., Tibbetts, Y., Priniski, S.J., & Hyde, J.S. (2016). Closing achievement gaps with a utility-value intervention: Disentangling race and social class. *Journal of Personality and Social Psychology*, 111, 745-765.

Kamins, M. L., & Dweck, C. S. (1999). Person versus process praise and criticism: Implications for contingent self-worth and coping. *Developmental Psychology*, 35, 835-847.

Marsh, H. W., & Hau, K-T. (2003). Big-fish-little-pond effect on academic self-concept: A cross-cultural (26-country) test of the negative effects of academically selective schools. *American Psychologist*, 58, 364-376.

Paunesku, D., Walton, G. M., Romero, C., Smith, E. N., Yeager, D. S., & Dweck, C. S. (2015). Mind-set interventions are a scalable treatment for academic underachievement. *Psychological Science*, 26, 784-798.

5 授業における学び——授業を研究する

守屋 淳

キーワード：学び、学びの共同体、良い授業、授業を研究する、現象学

はじめに——授業に関するいくつかの先入観

「教育」という言葉で多くの人がイメージするのは学校教育であろう。そして学校教育の中心は言うまでもなく授業である。であれば、「教育学」は、まず何よりも授業について研究し、授業について明らかにしていかなければならないはずである。ここでは授業を研究するということについて考えていく。

あなたは授業に関して次のことは正しいかと問われたらどう答えるだろうか。

1）授業規律（授業を受ける態度）ができていなければ学習はできない。
2）基礎・基本ができていなければ応用問題はできない。

どうだろうか。「当たり前すぎて考えるまでもない、どちらも当然正しい」と思う人が多いのではないだろうか。

しかし、たとえばいわゆる「荒れた中学校」で、授業規律ができていない（授業中の立ち歩き、私語、居眠り、遅刻等）のだからまずその指導を徹底しようとしてもうまくいかないとか、基礎・基本の力をつけようとして毎日計算ドリルに取り組む学校でも、成果が上がらないとはよく聞くことである。だとすると、上の1）、2）は必ずしも正しくないのかもしれない。

私たちは知らず知らずのうちに、自分が受けてきた教育をもとに、授業や学びということについて暗黙の前提、すなわち先入観を持ってしまうものである。これらの他にも、授業については誰もが様々な、正しいかどうかあやふやな先入観を持っている。

1．授業を研究するとは

ところで、授業を研究するとはどういうことなのだろうか。どの子どもも学ぶ権利を持っていて、それを保障するのが学校教育に課せられた使命である。そして授業とはそのための日々の営みである。だから授業において

は、学べていない子どもがいれば学べるようにし、また学べている子どもについては、より高い（深い）次元の学びに導かねばならないはずである。したがって授業の研究は、そうした意味で授業の改善に役立つべきものであり、そうしたことが実現している「良い授業」についての研究が絶対に必要なはずである。

　しかし学問の世界には、「客観性」を重視するという伝統がある。何が「良い」授業かを「客観的」に確定するのは困難だから、そうした研究者は「良い授業」ではなく、一般的な授業を研究することになる。また、外から「客観的に」観察できない子ども一人ひとりの経験については問わずに、たとえば質問紙などを用いて、多くの子どもたちが出した答えの傾向をもとに研究を進めたりする。つまりやはり、一般的で平均的な授業をもとに研究していることになる。

　そうした研究は、自然科学の研究をモデルにしていて、最初に仮説を立て、データを集めてその仮説が正しいかどうかを検証する、という手順を踏むことが多い。しかしその仮説がそもそもあやふやな先入観に基づいていたりするのである。また「良い」とは言えない授業をもとに研究しても、そこから出てくる結論によって授業が良くなることもないだろう。

　それに対して、「客観性」にこだわらず現実の授業が少しでも良くなるために研究したいと思えば、仮説を立てることから研究を始めるのではなく、現実に行われている授業をつぶさに見て感じ、そこで起きていることの意味をていねいに記述することによって研究を進めるという方法をとる。つまり、授業の中での子どもたち一人ひとりの経験に迫ろうというのである。これは、**現象学**という哲学の考え方に基づく現象学的な研究である。現象学的研究は、教育学の中ではあまり一般的にはなされていないが、社会学や看護学などの領域では一定の影響力を持っており、人間を対象とする研究として可能性を持っている（現象学的な教育研究について詳しくは「ブックガイド」欄を参照）。

　それでは次に、このような視点から実際の授業の例を見てみよう。

2．「学びの共同体」という実践

　「学びの共同体」と呼ばれる実践が、全国の小、中、高校で拡がりを見せている。全国のおよそ1割に当たる学校が、こうした実践に取り組んでいる

と言われている。「学びの共同体」の実践では、学校を子どもたちが学びあう場にしよう、一人残らずあらゆる子どもの学ぶ権利を保障しよう、ということを基本的な考え方にして、授業のあり方を大きく変えている。つまり、教師が生徒全員に対して発問して答えさせたり、板書を写させたりして進める、いわゆる「一斉授業」形式ではなく、4人グループで学びあいながら課題を解くことを中心に授業を進めるのである（「学びの共同体」についても、詳しくは「ブックガイド」欄を参照）。

例えば生徒の問題行動が毎日何件も発生するようないわゆる「荒れた中学校」が、この「学びの共同体」の実践を導入したことによって、数か月で見違えるように落ち着きを見せ、問題行動がまったくなくなったばかりか学力も大幅に向上した、というような事例がいくつも転がっている。「学びの共同体」の学校においては、授業規律の指導からではなく、まず授業のあり方から変えていく。すると結果的に（指導しなくても）授業規律が良くなっていく、そればかりか学力も向上するという事実が生じているのである。

また、「学びの共同体」の実践では、4人グループで解く課題にどのような課題を選ぶかが難しいのだが、一般によく言われる「難しすぎず易しすぎない」課題というよりは、難しすぎるぐらいの課題の方がいいと言われている。それは学力が高い生徒にとって良いというだけでなく、学力が低い（つまり「基礎・基本」があやふやな）生徒もむしろ難しい課題ほど積極的に取り組み（それはグループの中に自らの学びを支えてくれる仲間がいるからである）、その中で自分の「基礎・基本」が曖昧であることに気づいて、「基礎・基本」を学び直すという姿もよく見られるのである。つまりこの場合、「基礎・基本」の学びは、応用問題に取り組んだ後に生じているのである。

3．良い授業の事実から学び、授業の改善を目指す

なぜこのようなことが起きるのだろうか。こうした授業の中での子どもたちの経験に迫ってみると次のようなことがわかってくる。「学びの共同体」の授業においては、一斉授業とは違って、子ども一人ひとりの考えや疑問を自由に出しあうことができる。子どもたちは教師から与えられた正解を受身的に覚えさせられるのではなく、そこでの課題をそれぞれ自分なりの今までの経験をもとにして考え、自分なりに意味を理解し納得しようとする。つま

りここでは彼らは主体的な学習者になっている。子どもたち一人ひとりの学ぼうとする構えが尊重され、一人ひとりの考えや疑問がしっかり聴きとられることによって、子どもたちの学びは深くなる。またそうした学びは決して子ども一人ひとりの頭の中で個々ばらばらに起きるのではなく、子ども同士の学びあいの場の中で生じているのである。

　さらに言えば、子ども自らが学ぼうとしている（主体になっている）かどうかで、学べることの量、質ともに、大いに左右されるということや、授業という場は、教師と子ども、そして子ども同士の人間関係の場であり、安心して学びあえる関係ができているかどうかで、やはり学べることの量、質ともに大いに左右される、ということもわかってくる。

　逆に言えば、授業という場を、教師が与える正解を子どもが覚える場であると捉えていたからこそ、多くの人は1）、2）を正しいと思ったのであろう。そして、今ある多くの平均的な授業はそのような考えに基づいてなされていて、そこでは、子ども一人ひとりの考えが尊重されず、子どもたちは授業の中で主体になれない。そして子ども同士の関係も授業の中では絶たれ（授業内容に関係することであっても隣の子と話せば「私語をするな」と怒られる）、学ぶ喜びを感じることもない。そんな中で授業にそっぽを向き始めた子どもたちに、教師の指示通りに授業規律を整えよと言っても、彼らは意欲的に授業にとりくむはずはない。また興味を持てない、機械的なドリルを何度やらされても、数学的なものの考え方は身につかないので、学力向上にはつながらないだろう。これが1）、2）を疑わない実践がうまくいかない理由である。

　このように、「良い授業」の中での子どもたちの経験に迫ることによって、根拠があやふやな先入観を覆すことができた。さらには「子どもが学ぶ主体である」という教育の本質もそこから見えてきた。そしてこうした知見は、直接授業の改善につながっていく。これからも、このような研究を通して授業の改善に貢献し、子どもたちの幸せのために尽力していきたいと筆者は願っている。

学 力

6 学力は、自分の努力の結果か

上山 浩次郎

> キーワード：教育機会の不平等、属性主義、業績主義、属性に支えられた業績主義

1．学力や進路は、自分の努力のみによって形成されるか？

「頑張って努力し勉強したから、成績がよかった」「頑張って努力し勉強したから、大学に入学できた」。こうした考えは、社会の現実のある側面を確かに捉えている。実際、勉強等の努力の結果として成績の向上が図られ、さらにその成績の結果として大学に進学することが可能になる現実がある。

しかし、有償の塾や家庭教師を利用することは成績を向上させる上で有効な場合がある。また、大学等の高等教育機関に進学するには学費がかかり、その意味で仮に成績が良くても大学に行けない場合もありうる。このように、成績や進学は、必ずしも自身の努力のみによって形成されるわけではない。

こうした現実に焦点を向けてきた研究分野の1つに教育社会学とりわけ**教育機会の不平等**に関する研究がある。ここでは、こうした教育機会の不平等に関する研究の基本的な考え方、それに関連する理論的な動向を紹介する。

2．属性主義の社会、業績主義の社会、属性に支えられた業績主義

すべての社会は社会的な財（経済財や権力など）が均等に分配されているわけではない。高収入の者もいれば、そうではない者もいる。権力を持っている者もいれば、そうではない者もいる。それゆえ、社会にはそうした財の保有状況によってさまざまな社会的地位がある。こうした財や地位を人々に配分する原理として理念的に考えられてきたのが**属性主義**と**業績主義**である。

属性主義の社会とは、生まれによって決定されるもの、または個人にとって所与のものとして理解される特徴＝属性によって社会的地位が決定される社会である。属性の例としては、性別、人種、民族、出身階層、出生地などがある。他方、**業績主義**の社会とは、属性にかかわりなく、自らの努力や能力などを通して獲得した特徴＝業績によって社会的地位が決定される社会のことを指す。

もちろん、属性主義も業績主義も理念的なものであり、純粋な形でそのど

ちらか一方が存在するわけではない。現実には、属性主義と業績主義の両者の力学の結果として、属性主義的な特徴が強い社会か、業績主義的な特徴が強い社会かという社会の性格が分かれる。我が国の場合、江戸時代の士農工商のような身分制社会では人々の社会的地位は属性（身分、家柄、性別等）によってほぼ決定されていたと考えられるものの、現代社会においては、社会的地位の決定の際には個人の能力や業績の重要性が強まっていると想定できる。

ただし、現代社会において注目すべきことは、**属性に支えられた業績主義**が存在する点である。ここで、属性に支えられた業績主義とは、属性によって業績が制約をうけている現実を指す。例えば、学歴は、個人の能力や業績によって得られるという点で業績主義的であるものの、自らの力ではどうすることもできない親の経済力や性別等の属性によって、その達成度が左右されているという事実がある。その意味において、属性によって制約を受けている。

このように、現代社会は、過去と比べれば業績主義的な社会の性格が強いものの、上述の形で属性主義的な特徴が存在していると考えられる。それゆえ、こうした属性主義的な特徴が、どの程度、存在しているのか、また、なぜどのようにして、そうした特徴がみられるのか、という点が検討すべき論点として存在してきた。

この論点に取り組んできた研究の1つが、教育社会学、なかでも教育機会の不平等に関する研究である。以下、そうした研究の中で提案されてきた理論を概観しよう（本節は、日本教育社会学会編 2018: 84-85 等を参照した）。

3．属性による教育機会の不平等に関する理論

属性による教育機会の不平等に関する研究の中で、大きな位置を占めているものは出身階層による不平等である。ここで、階層とは前述の社会的財の保有量や質が類似している人々の集合の層とその全体としてとらえておく。出身階層とは個人が生まれた家族が所属している階層である。個人は生まれた際には自らの財は持たないと考えられ、保護者と同じ階層に属するとみなせる。そして、保護者の階層は、その子どもにとっては属性としての性格を持つ。

こうした出身階層による不平等が生じる理由として、まず考えられるのは経済的な理由である。冒頭で示した有償の塾・家庭教師や高等教育の例に示されるように、子どもの教育にどのくらいお金をかけられるかは保護者の経済的な状況に左右されよう。こうした考えを理論的に精緻化したものが「人的資本理論」である。そこでは個人は教育に関する費用と便益を勘案するとみなされ進学行動等は投資と解釈される。そしてどれだけ投資できるかは家庭の経済的豊かさに依存するため低階層の低進学率は教育費負担能力の低さの結果として理解される（日本教育社会学会編 2018: 622-623）。

他方、こうした経済的な側面ではなく文化的な側面に注目する理論もある。代表的な理論としては、ブルデュー（Bourdieu, P.）の「文化的再生産論」、バーンスティン（Bernstein, B.）の「コード理論」等がある（小内 1995）。ここでは、近年実証的な検討がみられるブルデューの理論を確認しよう。彼によれば、階層は、人々の経済資本・文化資本・社会関係資本の量と構成比によって決まる。ここで、文化資本は、客体化された形態（本など）、身体化された形態（ものの好みなど）、制度化された形態（学歴など）に分類できる。その際、身体化された形態を「ハビトゥス」と呼び、出身階層で形成され、また階層ごとに異なる性格を持つものとされる。他方、学校の文化は、各階層からみて偏りがないものではなく、豊かな階層の文化に親和性を持っている。そのため、文化的親和性の違いから、高（低）階層の者は学業成績や進学などの教育的成功を得やすく（得にくく）なる（日本教育社会学会編 2018：96-99）。

さらに、こうした経済的・文化的側面以外に主な力点をおいた議論もある。それは「合理的選択理論」を基礎にしたブリーン（Breen, R.）とゴールドソープ（Goldthorpe, J.H.）の「相対的リスク回避説」である。そこでは、いずれの階層も親の階層からの下降移動を避けること＝少なくとも出身階層と同等の階層に到達することを目指すと仮定される。それゆえに、高階層の子どもが現在の階層を維持するためには、低階層の子どもと比べると高い学歴を得ることが求められることになる。こうした選択の結果として出身階層の教育機会の不平等が生じるとみなすのである（日本教育社会学会編 2018：622-623）。

こうした社会階層以外には、性別による教育機会の不平等に関する研究も

存在してきた。例えば、親の教育投資意欲が子の性別によって異なる（男子ほど投資をする）ために性別による不平等が生まれるとみなす「家庭内資源配分説」や、学校組織に女子に「特有」とされる進路を選ばせる社会化機能があるという「学校による社会化説」がある（日本教育社会学会編 2018：618-619）。

さらには、地域による教育機会の不平等に関する研究も存在してきた。代表的な議論は、リプセット（Lipset, S. M.）の 10 代を過ごした地域を態度決定地とみなし、そこにおける教育機会等の豊富さが教育達成などに影響するという考え方である（日本教育社会学会編 2018: 618-619）。また、近年では、将来的に得られる便益の大きさや大学への進学しやすさを「人的資本理論」の枠組みに基づいて整合的に理解しようとする試みもある（朴澤 2016）。

4．理論と社会調査

このように属性による教育機会の不平等に関する研究は多様な側面から検討されてきた。ここでは詳述できないものの、家族構成（ひとり親・きょうだい数など）による不平等に関する研究も存在している。

ただし、こうした理論は、実証的なデータを用いて検証されることが不可欠である。実際、ここで紹介してきた理論は実証的な検討がなされている。その意味で、こうした理論を検証するに足る豊かな社会調査と社会データが必要である。それゆえに、こうした理論と社会調査実践の往還こそが、教育機会の不平等に関する研究において最も重要な意味をもとう。

■主な引用・参考文献
朴澤泰男（2016）『高等教育機会の地域格差——地方における高校生の大学進学行動』東信堂
日本教育社会学会（2018）『教育社会学事典』丸善出版
小内透（1995）『再生産論を読む——バーンスティン、ブルデュー、ボールズ＝ギンディス、ウィリスの再生産論』東信堂

外国語の文法指導

7 外国語（英語）の文法指導の内容に関して
——場所を指示する表現を含む文の場合

大竹 政美

キーワード：外国語（英語）、文法指導、関連性、名詞句、場所を指示する表現

1．関連性のある文法指導

　言語の主な働きの一つは、実在の世界や想像上の世界での事柄を表現することである。文法は、その言語の各文について、どういう形式がどういう意味を表しているのかを指定する。文法の体系は、言語ごとに異なっているが、けっして"気まぐれ"ではなく、それなりの規則性をもっている。諸言語に共有の性質、一般性があるとさえ言える。言語で表現される対象は（基本的に）同じ世界であり、言語で表現する主体は同じ人間であるから、言語の文法体系の相当部分も、世界の構造とそれをとらえる人間の認識に規定されていると見てよいようである。

　こうして、小学校以降の教科「外国語」で英語の文法を教える場合には、学習者が英語文法についていだくような疑問（特に、日本語とは異なる英語の特殊性に関するもの）に応えられるようにしようということになる。ここでは、学習者にとってわかりにくいところに関連性をもった英語文法指導の内容を、ある種の文の構造に関わって、探ってみたい。

2．学習者のありそうな疑問

　西山（2017: 158）は、「日本人が間違いやすい英語」と題して、(1i)の日本語の文に対応する英語の文を(1ii)とするのは誤りでないのに、(2i)に対応する文を(2iia)とするのは「「どこ」= where と覚えていることからくる間違い」であって、正しくは(2iib)としなければならない、とみなされるのは「不思議」であるという趣旨の疑問を呈している。

(1)(i)　お母さんはどこですか。
　(ii)　Where is your mother?
(2)(i)　ブラジルの首都はどこですか。

(iia) Where is the capital of Brazil?
(iib) What is the capital of Brazil?

　西山（2017）は、全体として、日本語の（2i）のような文の「曖昧性」を説明しようとしたものである。それに対して、以下では、英語の（2iia）、（2iib）のような、場所を指示する名詞句を含む文に潜んでいる"厄介さ"に関連性をもった教育内容の要点を、その構成の基礎となる言語学の成果を洗い出すことによって、素描することにする。

3．名詞と名詞句の区別──指導の前提
　指導の前提として、「名詞」と「名詞句」の区別をしておく必要がある。
　「談話の世界」において、名詞句（例. a desk, the desk, John's desk）は「市民権」、すなわち「登場人物としての資格」をもっているが、名詞（例. desk）はもっていない。「談話」は、想像上の世界も含めた言語外の世界の中にある指示対象について行われるから、言語外の世界に指示対象をもちえない表現である「（冠詞類を伴わない裸の）名詞」は談話の中に登場する機会を与えられないのである（安井 2001 [1983]: 274-275）。

4．等式型の文構造と場所型の文構造
　Lyons（1977：469-471）の一般的な「文－図式」では、関係する文構造は、

(3)　名詞句（＋コピュラ）＋名詞句　　　　　　　（等式型）
(4)　名詞句（＋コピュラ）＋（副詞的）場所表現　（場所型）

の2つであり、英語という言語については、次のように例示される（丸括弧内は、文法的には省略可能な修飾語である）。

(5)　The chairman is Paul Jones.
(6)　They were in the attic (half an hour ago).

　「等式型」の構造は、特徴的には、「一方の表現の指示対象をもう一方の表

現の指示対象と同一と認定する」のに用いられる (Lyons 1977: 472)。

場所の副詞的表現を含む「場所型」の構造は、「人，動物、もの」といった存在物について、それがどこにあるか（または、どこにあったか、どこにあるようになるか）を言うのに用いられる (Lyons 1977: 473)。

5．存在物を指示する名詞句と場所を指示する名詞句

Lyons (1977: 474-475) は、以下のように述べる。

関係する「名詞句の指示対象が、場所ではなくて存在物である」ならば、「一方の名詞句の指示対象をもう一方の名詞句の指示対象と同一と認定する」ことと、「ある名詞句の指示対象について、それがある場所に位置づけられていると言う」こととの違いははっきりしている。

しかし、英語には、場所を指示する名詞句（例. London, that field over there）がある。そこで、「2つの存在物を同一と認定する」ことが可能であるように、次のように「2つの場所を同一と認定する」ことも可能である。

(7) London is the capital of England.

また、次のように「ある場所について、それが別の場所の内部に含まれている（それゆえ、その別の場所の部分である）と言う」ことも可能である。

(8) London is in England.

それでは、次の文の構造はどちらだろうか［各自で考えてみてほしい］。

(9) London is where I met him.

さらに、英語には、「文脈によって、存在物と場所のどちらかを指示すると理解できる名詞的表現」が多い。例えば、"the church" は、「物理的存在物」を指示することがある［(例. The church is 300 years old.)］が、次のように「その内部に、他の存在物が位置づけられる場所」を指示するのにも用いられることがある。

⑽　John is in the church.

　要するに、名詞というよりはむしろ名詞句は、言語から独立した世界［＝言語外の世界］の構造に規定されて、一般的には「存在物を指示する表現」と定義されるが、この定義の適用範囲外にある「場所を指示する表現」を、英語という言語がどのように名詞句に取り込んでいるかが、ここで関係のある問題だというわけである。

■主な引用・参考文献
Lyons, J. (1977) *Semantics* (2 vols.), Cambridge University Press.
西山佑司 (2017)「「ブラジルの首都」は曖昧？—疑問の意味を表す名詞句—」高見健一ほか（編）『〈不思議〉に満ちたことばの世界（下）』開拓社、158-162頁
安井稔 (2001 [1983])「文の意味論について」安井稔『英語学を考える』開拓社、273-285頁

> 学校体育

8 学校体育に「スポーツ」は必要か

崎田 嘉寛

キーワード：体育嫌い、体育とスポーツの定義、スポーツの影、からだ

1．スポーツ好きの体育嫌い

　運動やスポーツが嫌いな児童や生徒は、どの程度いるのか。スポーツ庁による調査（2018年度）によれば、小学5年生の女子13.5％と男子7.0％、中学2年生の女子21.3％と男子11.4％が、運動やスポーツをすることが嫌い（やや嫌い）と答えている。また、小学5年生の女子9.2％と男子5.4％、中学2年生の女子15.7％と男子11.0％が、体育（保健体育）の授業が楽しくない（あまり楽しくない）と感じている。そして、これらの割合は、2009年以降ほとんど変わっていない。一方で、運動やスポーツをすることは好きだが、体育（保健体育）の授業は楽しくない（あまり楽しくない）とする児童や生徒もわずかに存在する。具体的には、小学5年生の女子1.3％と男子1.7％、中学2年生の女子4.3％と男子5.1％である。補足であるが、2018年度の小学生数は約643万人であり、中学生数は約325万人である。このように回答した児童や生徒の思いが判然としないなか、この数値をどのように判断するかは慎重にならなければならないが、小学生から中学生にかけて増加傾向にある点が気になろう。

　かく言う筆者も、30年ほど前であるがスポーツ好きの体育嫌いの一人であった。そして最近、スポーツ（体育）の授業で生起するネガティブな感情（強い否定的心情だけでなく僅かに感じる弱い嫌気感を含み、長期的な感情だけではなく瞬間的に感じる思いも含む）について調査したことがある。この結果、40名のクラスでたとえれば、約5.5人が授業開始前にネガティブな感情を抱いており、授業中に約1.4人がネガティブな感情を誘発され、授業終了後に0.5人がネガティブな感情が生起されていたことが明らかとなった。一方でこの内の6割強がネガティブな感情を改善させている。注目すべきは、改善した理由である。多くが、スポーツが本質的に備える愉快さ、爽快感、連帯感、達成感を理由に挙げているのに対し、「授業が終われば」という忘却や「授業が終わると思えば」という諦めといった消極的改善ともいうべき疑似

改善が存在することが明らかとなった。先述のスポーツ庁による調査結果と単純な比較はできないが、日々の授業レベルで潜在的なスポーツ好きの体育嫌いが想定されるのである。

　もちろん、これらの調査結果から、たちどころにタイトルに掲げた「学校体育にスポーツは必要か」という問いに対して答えを提案するわけにはいかない。しかしながら、このような問いを提起することが少なくとも可能であり、その背景の一端を共有して欲しいのである。

2．体育とスポーツの相違と関わり

　さて、体育とスポーツは同じものなのであろうか、あるいは違うものなのだろうか。形式的ではあるが、**体育とスポーツの定義**からアプローチしてみたい。

　樋口聡は、体育を「教育として、教える側、学習する側、教材等の変数の関係において成立する一つの機能であり、或る大きな前提、目標の上になされる意図的行為」と簡潔に提示している。もちろん、ここで着目すべきは「変数」であり、注意すべきは「大きな前提、目標の上になされる」である。たとえば、学校のグラウンドで生徒が教師の指示に従ってサッカーボールの操作向上を目指している、もちろん教師は所属する学校や学習指導要領の方針に沿って指導している、といった体育の授業風景は容易に思い浮かべることができる。逆に、大きな前提や目標の内容次第では、変数である教材としてスポーツを採用する必要がないという体育の在り様も、理論的には可能であることも指摘しておきたい。

　他方で、スポーツについては「教育に本質的に関わりなく作り出された、遊戯性、組織性、競争性、身体性を特性とする文化的産物」と掲示し、「参加者の態度や意識とは関係なしに、（中略）『実体的』に存在するゆえに、いろいろな関わり方がありうる」と述べている。ここでは、スポーツにレクリエーションやプロとして関わることもできれば、政治的に関わることもできるのと同様に、教育の手段として関わることもできる、と解することができる点が重要である。ただし、ここで留意しなければならないことは、スポーツの多様な特性に目を奪われるがあまり、**スポーツの影の部分を捨象**してしまうことであろう。換言すれば、スポーツは健全に成熟した文化ではないの

である。たとえ教材化というフィルターを通したとしても、健全性が完全に担保されるとは限らない。

以上のように、体育とスポーツの定義からは、この二つが本質的に異なることが理解されよう。その上で、タイトルに掲げた「学校体育にスポーツは必要か」という問いかけに対して、誤解を恐れずに答えるとすれば、体育からスポーツを排除しても体育の目標は達成できる、ということになる。

3．学校の体育で教える（学ぶ）べき内容は何か

それでは、もし仮に体育でスポーツを取り扱わないこととするならば、どうなるだろうか。スポーツ以外の体育の内容として、体づくり運動（体操）、武道、ダンス、保健などが、義務教育や中等教育を体験したものならば容易に想像がつくであろう。あるいは、運動会なのどの体育的な行事も考えることができるかもしれない。

ここで、少し視点をずらして、体づくり運動（体操）、武道、ダンスや保健という、いわば当たり前のように体育に含まれている内容について、体育で教えるべき（学ぶべき）内容なのだろうか、ということを考えてみたい。まずは、武道についてである。現行の学習指導要領では必修という扱いになっている。しかしながら、時代やその背景は異なることが前提となるが、武道を体育で取り扱うかどうかが議論されたことが実際にある。1937年に教育審議会という内閣の諮問機関が設置され、教育の内容面を中心としつつも、義務教育の年限延長などの制度面についても審議している。この中で、武道を必修にするかどうかという議論と体育の内容として武道を含めるかどうかが議論されている。体育に含めるべきではないとする主張は、今日的に置き換えることが可能だとすれば道徳科で教えるべきだという意見であった。武道を通じて、我が国固有の伝統と文化への理解を深めることに重きを置くならば、道徳科でも武道を取り扱うことができるかもしれない。次に、保健である。これもやや昔のことであるが、1940年代後半に現場の学校を単位として、コア・カリキュラムや地域教育計画というものが現場の教員を中心として作成されている。敗戦によって刷新された教育内容を現場の教員が模索し教育課程を再編していったのである。その際、保健の内容を理科や社会科、あるいは家庭科の中に組み込んで実際の授業を行っていたのである。こ

のような日本の教育の歴史や現状の細部を確認してみると、体づくり運動（体操）については、毎朝授業前あるいは休み時間に10分程度やることで代替し、ダンスは芸術科の中で取り扱う、と考えることも可能となってきそうである。

　以上のことからは、学校の体育で教える（学ぶ）べき内容は何か、さらには学校の体育は必要かということを想起せざるを得ないだろう。しかしながら、反対に考えれば、道徳科を取り込んだ武道科、あるいはダンス科、理科や社会科を含んだ保健科といった新しい教科を構想できることを意味する。そして、もちろんスポーツ科も同様である。

　最後に、学校の体育はなぜ必要なのか（必要ないのか）を考えることこそが、より良い体育を創る一つのきっかけとなる。その際、まずは「体育」という言葉からもわかるように、「からだ（体）」を基点としてみてはどうだろうか。ここでの「からだ」は、体力・技術・表現にからめとられるような単純な「モノ」としてではない。まさに「からだ」に思考をゆだねたとき、学校における体育あるいは体育におけるスポーツの必要性に近接できる。加えて、スポーツにおける暴力やハラスメントといった問題、教育が抱える今日的あるいは将来的な困難にアプローチできるように思われる。

■主な引用・参考文献
　樋口聡（1994）『遊戯する身体』大学教育出版
　久保健・高橋和子他（2001）『「からだ」を生きる――身体・感覚・動きをひらく5つの提案』創文企画
　楠戸一彦（2013）『ドイツ中世スポーツ史研究入門』渓水社
　三井悦子・池田恵子他（2007）『いま奏でよう、身体のシンフォニー――身体知への哲学・歴史学的アプローチ』叢文社
　スポーツ庁（2018）「平成30年度全国体力・運動能力、運動習慣等調査報告書」
　鈴木明哲（2014）「日本スポーツ界における暴力指導への『自己反省』――体育・スポーツ史研究と教員養成の観点から」『スポーツ社会学研究』第22巻第1号

9 「学問の自由」は研究者の自由か

光本　滋

キーワード：学生、学問の自由、市民的自由、教育の自由

1．「学問」の主体は誰か

「学問」という言葉を聞いたとき、どんなイメージを抱くだろうか。「難しいもの」とか「堅苦しいもの」という言葉を思い浮かべる方もいるのではないか。「自分とは縁のないもの」と思う人もいるかもしれない。「学者」とか「大学」といった語句を連想する方もいるだろう。一方、「市民」とか「教育」という言葉を思い浮かべる方は少ないのではないかと思う。

もし、上のような状況があるとしたら、それは社会における「学問」の問題を示している。本来、「学問」は「市民」や「教育」と切っても切り離せない関係にあるものなのに、そうした観点を持っている人は多くなく、「学問の自由」は大学の研究者が持つ特別な自由だという考え方が根強く支持されているのでないか。そして、その要因が「学問」と「大学」の結びつき方にあるのではないかと思われるのである。

2．日本国憲法における「学問の自由」

日本国憲法は「学問の自由は、これを保障する」(23条)と規定している。憲法学の解釈論は、これを市民的自由の一環としての学問の自由を定めたものと、大学の自治を保障する趣旨とするものに大きくわかれる。

この条文は国民の基本的人権について述べたものであるから、「学問の自由」も**市民的自由**の一環であるという有力な説がある。しかし、日本国憲法は同時に、「思想・良心の自由」を侵してはならないことや「表現の自由」を保障することを定めている。これらがあれば、人びとは自由に思索し、その結果を表現することができる。あえて学問に関する規定を設けなくても、市民的自由としての学問の自由は保障されるのであるから、23条を置く根拠は乏しい。そこで、この規定は、市民の個人的な自由の行使だけでは実現することのできないような、高度な学問を組織し体系化することに憲法的な価値を認めるものであり、端的には大学の自治を認める趣旨だとする解釈も

行われてきたのである。

　ところで、「学問の自由」に「思想・良心の自由」および「表現の自由」により代替できない意義を認めるとしても、それが大学で行われる学問を保障していこうということにとどまるのであれば、今度は大学の学問が特権化し、市民的自由と矛盾するものとなってしまう危険性がある。そこで、「学問の自由」の保障は、現代社会において大学が果たすべき役割に即して解釈する必要がある。

　このように考え、23条は、被用者つまり給与生活者として学問を職業とし、自身の所有物ではない研究手段を用いて研究する研究者に対して、このような経済的関係から生じる統制から自由になることを保障する趣旨だと解釈する論が登場した。すなわち、給与生活者は雇用主が設定する目標を達成するために雇用され、業務内容に関する上司の指揮命令に従わなければならない。しかしながら、もし、大学の研究者が、大学に雇用されていることを理由に給与生活者一般と同じ立場になることを余儀なくされるとしたら、自由に研究テーマを定め、自律的に研究を遂行することはできなくなってしまう。そして、大学の研究は資金提供者の設定する目標に従属せざるを得なくなり、市民が独力で遂行できる範囲以上の学問を自由に行う余地が社会からなくなってしまう。市民的自由としての「学問の自由」を実質化していくためには、このような事態を防ぐことが憲法上の要請となるというのである。

　最後の説は大変魅力的である。社会とのかかわりにおいて大学の役割を発展的にとらえる未来志向の解釈論だと思われるからである。

3．社会における「学問の自由」の制約

　市民的自由としての学問の自由も、複数の主体の利害が衝突する状況が発生する場合、それを調整することにより、共倒れになることを防ぐ、いわゆる「公共の福祉」の制約を受ける。学会の口頭発表・質疑の時間に制約を設けるのも、市民的自由の行使だと意識しているかはともかくとして、同じ趣旨である。

　他方、社会において処罰の対象となるものであったり、倫理的に許されない場合、学問は制約を受ける。かつては、政治的・宗教的理由から、人文・社会科学が規制の対象となることが多かった。歴史上有名な地動説に関

する宗教裁判も、実験や観察ではなく、それらの結果の説明により支配的な世界観を否定することが禁じられたのである。学問に対するこれらの制約は、「思想の自由」「表現の自由」が人権として認められるようになったことにより、次第に克服されてきたが、今日でも完全になくなったわけではない。現代社会においては、研究成果が技術化されることにより社会的影響が拡大し、倫理的問題ともなってきたことから、自然科学が規制対象となることも少なくない。ヒトの細胞を用いたクローン胚の作成・利用はその例である。

　これらの制約は、研究者個人の自由の間に利害の衝突が生じるために必要となったもの（内在的制約）ではない。衝突は、研究を行おうとする研究者とそれにストップをかけようとする社会との間に存在する（外在的制約）。したがって、どこまでが社会的に許される研究であり、どこからから先が許されない研究であるかの線引きは、研究者コミュニティが社会の関係者と対話しながら決めていくことになる。このようにして、当該専門研究分野の公共性を担保していると見ることができるだろう。

4．大学における「学問の自由」の制約

　大学は、研究者のコミュニティである。同時に、学生がいることにより、大学の研究者は教員であることが求められる。学生は、民間や行政が組織する研究所や学会などには存在しない、その存在によって大学を類似の社会制度と区別する本質的な存在である。

　「学問の自由」を、市民一般が有する自由と理解するならば、教員（研究者）が行使する「学問の自由」と、学生が行使する「学問の自由」とに区別はない。したがって、学生も当然、思索し、議論し、研究成果を発表する自由を持つ。これらの自由が内在的制約、外在的制約を伴うことも同様である。

　しかしながら、実際には、学生は、内在的制約・外在的制約とは異なる論理で「学問の自由」の行使を妨げられることがある。典型的な例は、指導教員の働きかけにより学生（大学院生）が研究テーマを変えさせられた、あるいは一方的に決められた、というものである。指導教員の指導助言が教育的な観点から行われ、学生が納得していれば問題はないといえるが、そうした条件を欠く場合、問題は両者の紛争となる（アカデミックハラスメントの解決が難しい理由もここにあるように思われる）。

最高裁は、旭川学力テスト事件判決（1976年5月21日）において、学問の自由は、「学問研究の自由」だけでなく、その結果を教える「教授の自由」を含むものであり、このような教育裁量権を含む「教授の自由」は、子どもが判断能力を欠くことや、教育の機会均等を理由に制約を免れないと判示した。同時に、「批判能力を備えていると一応判断できる」ので、大学教員は「完全なる学問の自由」を行使しうると述べた。この最高裁の論理は、大学教員の「学問の自由」は、学生が批判能力を備え発揮できる環境がある場合に、十全なものとなると読むことができるだろう。

　歴史的には、教員が「学問の自由」を独占し、その下で学生（院生）の「学問の自由」を含む市民的自由を抑圧してきた時代があった。このような状況に対して学生による異議申し立てが行われことが、大学における「学問の自由」を、教育を発展させるための自律性の行使（**教育の自由**）と考える契機になったのである。

5．「学問の自由」と教育学

　教育学は、常識を覆すことや、新しい法則を発見することばかりを目的とする学問ではない。むしろ、個別的な実践の中で備えている価値の普遍性を確かめ、その可能性や課題の認識を深めていくこと、そうした営みを援助することこそ、教育学の存在意義だろう。「学問の自由」を狭い研究者の自由と考えないことは、このような教育学をつくる土台になるものだろう。

■**主な引用・参考文献**
　光本滋（2019）「東京大学『大学改革準備調査会報告書』——戦後大学改革論における位置と意義」『歴史の中の東大闘争——得たものと残されたものと』本の泉社
　高柳信一（1983）『学問の自由』岩波書店

教員養成

10 大学における教員養成をどのように理解すれば良いか

張 揚

キーワード：教員養成の二大原則、大学における教員養成、開放制、教員の専門的力量

1．教員養成の二大原則

　戦後の教員養成は、大学で行うことと開放制の二大原則で始まった。**大学における教員養成**とは、大学が初等・中等教育の教員養成の全般を担い、つまり、大学以外の機関は原則として教員養成に参加しないことを意味している。いっぽう、**開放制**とは、公的な定義を引用すると「国・公・私立のいずれの大学でも、教員免許状取得に必要な所要の単位に係る科目を開設し、学生に履修させることにより、制度上等しく教員養成に携わることができる」（2006年7月11日「今後の教員養成・免許制度の在り方について〔答申〕」）ものとされている。ここでの国立大学というのは主に国立の教員養成系大学・学部を指し、歴史的に教員養成を見ると、それは小中学校教員の養成を大いに担った。加野芳正によれば、1963年、当時の文部省は教員養成における計画養成の枠組みを作成し、1969年以降公立小中学校の新規教員のうち、小学校では9割、中学校では6割を教員養成系大学・学部によって供給することとした。

　しかし、1980年代後半以降、新自由主義に基づく教育政策が導入され、政府は大学や学部の新設、改組に対する規制を緩和した。学生定員の維持を図る私立大学は学校教員の大量退職・採用を前に次々と小学校教員の免許状が取得できる学部や学科を造った。こうしたなかで、近年の教員需要増に対しては、教員養成系大学・学部の役割が大幅に低下し、2013年度〜2017年度の5年間に採用された公立小中学校教員の学校歴別内訳（表1参照）をみると、小学校の場合、教員養成系大学・学部出身者の比率は3割程度で、一般大学出身者の比率は年々増加し、2017年の60.3％に昇った。それ以外に、短期大学等と大学院は合わせて10％未満である。中学校の場合、教員養成系大学・学部のシェアは2割程度であるいっぽうで、一般大学は6割以上を占めている。

表1　2013年度～2017年度公立小中学校の学歴別の教員採用数（比率％）

	学校種	2013年度	2014年度	2015年度	2016年度	2017年度
国立教員養成系大学・学部	小学校	35.7	34.9	33.2	33.4	32.1
	中学校	24.9	23.9	24.3	24.2	23.8
一 般 大 学	小学校	54.9	56.1	58.3	58.9	60.3
	中学校	62.7	62.8	63.7	64.4	64.5
短 期 大 学 等	小学校	3.3	2.7	2.5	2.1	2.3
	中学校	1.2	1.2	1.2	1.0	1.2
大 学 院	小学校	6.1	6.3	5.9	5.6	5.3
	中学校	11.2	12.1	10.8	10.5	10.6

（出典：文部科学省「平成25年度～平成29年度公立学校教員採用選考試験の実施状況について」より筆者作成）

2．教員の専門的力量の形成

　既述のような多くの一般大学は教員養成に参入しているとともに、教育行政機関も入職前の学生を対象としたプログラムを提供しはじめた（例えば、東京教師養成塾）。教員の専門的力量を有する者を育てることや即戦力の育成を強めることが流行りになっている現在、教員の専門的力量の内実とそれが向上する具体的な姿は、実はそれほど明確なものではない。久冨善之によれば、多くの人が納得するような（教員の専門的力量）内実・具体性は、どの国の教員政策でも、どの理論でもほとんど示されていないと指摘されている。

　ここで、一つの興味深い調査を見よう。リクルートワークス研究所は小学校教員、看護師、航空機の客室乗務員、保険営業職を「対人サービス職」と捉え、各仕事の「熟達プロセス」を相互比較した。当調査はそれぞれの職の「熟達プロセス」を「初級者」「一人前」「指導者」の3段階に区分したうえで、「指導者」段階にある者にインタビューし、各段階の「熟達に役に立った経験」を整理した。興味深いのは、小学校教員の場合、他の職種で「指導者」段階で役立つ経験として挙げられたことがすでに「初級者」段階で多く挙がっているということである。

　他の職業は経験年数に応じて次第に仕事内容の難しさが増していくようにキャリアプロセスがあらかじめ仕組まれている。従業員は次の段階へ移行するために、社内資格や公的資格等の試験の合格が必要で、新たな知識やスキルを順序立てて習得するのは普通である。従業員の力量として捉えるのは一定の知識やスキルである。ところが、学校教員の場合ではそうはなっていな

い。教職の本質的な部分は、初任者でもベテランでも大きく違わなく、初任者の段階にあっても、正解が定かではない「問い」を抱えながら自分自身で思考し独自に意思決定しなければならない。このような教員の仕事の難しさと不確定さによって、教員の専門的力量の内実を明示することは容易ではない。

3. 大学における教員養成の意義

　教員養成とは、いうまでもなく教員という人を育てることである。だが、養成教育のコアに当たる教員の専門的力量すら明示されていないのに、大学における教員養成はいったいどのような意義があるか。この問いに対して、教師教育と教育科学（Teacher Education & Educational Science ; TEES）研究会は重要なヒントを示してくれた。

　第一に、教員養成教育が高等教育レベルで、学士を基礎資格として行われるようになったという学歴水準の向上である。戦後まもなく、世界中の国々を見ても、日本のように小学校教員の養成も大学レベルで行うことが原則になったのは非常にレアで、先進的なやり方だと考えられている。

　第二に、教員養成教育が学問の自由や研究に裏打ちされた教育として行われるようになったという教育内容・性質の変化である。義務教育の教員は社会の構成員全員を対象としてその営みを行う点に大きな特徴を持つ。そのことを踏まえ、現在の社会システムに対する批判能力も含めて今後の社会の構成員としての能力を形成していくこと、つまり市民一般の資質の形成が義務教育の教員の職務の根幹であることは認識されるべきである。そのような職務を果たす一人ひとりに、大学が幅広い学問及び学問を探究／批判する自由な環境を提供してあげることによって、教員養成に資する広い意味の学問は展開できる。

　第三に、「大学自治」が教員養成に適用されるようになり、大学における養成という場の問題だけではなく、大学による養成という主体性の問題として考えられる。大学における教員養成は大学が教員養成領域をカバーすることと教員養成が大学を基盤として行われることを意味する。大学は一つの教育機関全体の主体的な営みとして全学的なマネジメントを行い、それに基づいて教員養成のカリキュラムを構成する。教科専門を担う各領域も積極的に

教職専門知識に取り組み、総体として教員となるべき有能な人材を広く確保し、その人材に育むべきトータルな知見・態度の有機的連関を構想することが重要である。

4．大学における教員養成を理解したうえで教員を目指すこと

　現在、教員を目指しながら一般大学への進学を選択する高校生は少なくない。だが、多くの学生は教職課程を履修しているうちに、ますます不安になる。その不安感は教育実習を終えたと同時に、ほぼピークに達する。だからせっかく教職課程を頑張って履修したのに、最後の段階で教員になる自信を失った学生たちはこのような疑問を持っている。教員養成系大学・学部の学生と比べれば、私は未だ教職専門知識を十分学んでいないのではないか、授業（実践）力が足りないのではないか、生徒指導力が弱いのではないか、等々。

　いっぽう、現実的には一般大学出身の新任教員数が圧倒的に多い。あなたと同じように戸惑っている教職課程の履修者が数えきれないほどいるかもしれない。そのような不安を抱えているからこそ、あなたは教員として採用された後の学校現場における日々の実践と学びを大切にできるし、成長していける。

　大学における教員養成は一般的意味での職業訓練が目指す職業人の育成と大きく異なっている。教員を目指す際に、大学という自由な学問環境で育てられた力量と学んだ一般教養、専門知識、教職知識に教職に対する責任感と愛情を加えて、自信を持って教職に挑んでほしい。いつか教壇に立ったら、自らの実践から学び、また他者の洞察から学ぶことが教師にとっての一生の課題であり、本質的な成長につながることを忘れないでください。

■主な引用・参考文献
　岩田康之（2017）「大学における教員養成と開放制」日本教師教育学会編『教師教育研究ハンドブック』学文社
　笠井恵美（2007）「対人サービス職の熟達につながる経験の検討——教師・看護師・客室乗務・保険営業の経験比較」『Works Review』Vol. 2、リクルートワークス研究所
　TEES研究会編（2001）『「大学における教員養成」の歴史的研究——戦後「教育学部」史研究』学文社

> アメリカの教育改革

11 アメリカの教育改革の光と影

篠原 岳司

> キーワード：新教育運動、教育格差、新自由主義教育改革、学校自治、教育の正統性

1．アメリカの教育への「あこがれ」

　超大国アメリカの教育は、かねてより世界各国から改革や取り組みのモデルとされることが多い。たとえば、19世紀末に誕生したプラグマティズムの思想は、人間の思考と環境との連続性や相互作用を強調し、各国の教育改革にも様々なインパクトをもたらしてきた。この思想の影響を受け20世紀初頭に展開した「**新教育運動**」は、それまでの教師中心、暗記中心の教育を反省し、子どもの自発的な活動やその心理・発達を教育実践の基本に据え、日本の大正期や戦後教育に留まらず、今日の教育改革にも多大な影響をもたらしている。21世紀になり「世界一」と評価を受けたフィンランドの教育も、その教育実践や教育環境を形作る考え方は、かつてのアメリカの教育思想とその運動の成果に基づいているとされている（Sahlberg 2014）。このような評価から、アメリカの教育は、その自由な風土や、子どもの個性を伸ばし個人の学びを尊重してきたその伝統的な教育への「あこがれ」によって、広く認識されてきているところが大きい。

　ところが、「あこがれ」を抱かれてきたはずのアメリカの教育は、差別と貧困、そして多くの格差問題を温存させてきたことでも知られている。また、その問題の背景には、アメリカ国内の教育制度と諸政策の影響がある。加えて、今日のアメリカは学力テストの結果に基づく教育の市場化政策によって格差の是正を目指しているが、それらの成果も実は思わしくない（Ravitch 2013）。もはやアメリカの教育から学ぶべきことは、その影の部分、いわゆる**教育格差**を生み出し温存させる教育制度の構造的問題と、教育の市場化政策に基づく教育改革の「失敗」を教訓とするところにしか残されていないのかもしれない。

2．アメリカにおける教育格差の構造的問題

　そこでまずは、アメリカにおける教育格差の構造的問題から見ていこう。

周知のとおり、アメリカでは人種差別や新たな移民問題を含み、大都市における子どもの貧困と低学力の問題が深刻化してきた。貧困層が集まる大都市は教育税の徴収に困難をきたし、公教育を支える財政基盤も脆弱化し、教育環境も悪化していた。また、子どもの生活基盤である家庭も経済的に困窮し、地域における共助のコミュニティも分断が進んでいた。ジョナサン・コゾル（J. Kozol）は、家庭の貧困や地域の崩壊の中で暮らす黒人やヒスパニックの子どもたちが、銃やドラッグなど犯罪の魔の手が忍び寄る中で、逃げ道としての犯罪の誘惑と戦い生き抜かなければならない現実を白日の下にさらしている（コゾル『アメリカの人種隔離の現在』明石書店、1999年）。アメリカの都市部では、子どもたちの学力の定着も当然でありながら、過酷な日常生活を改善し、今ある命を守り、未来への希望や自尊感情を育てていくことが積年の課題となっている。

　このような深刻な都市部の現状の背景には、教育格差を温存させるアメリカの教育行財政の構造的問題がある。アメリカの教育行財政は、連邦政府が主導するのではなく、開拓時代のタウンミーティングに由来する「学区」（School District）を最小かつ教育自治の基礎単位としてきた。それはまた、財政的に豊かな学区と困窮する学区の間で、学校教育にかけられる予算が異なる仕組みでもあった。上位政府である州および連邦は、学区の教育自治を尊重しながら補償教育政策を実施し、子どもの貧困、そして教育環境の格差を是正する措置を取ってきたが、1970年代には多くの裁判闘争も起こるなど、公教育財源を公正に配分する仕組みは充分に確立したとは言えなかった。今日おいても、学校建築、教材や教具、備品、そして教職員の数や質に至るまで教育条件整備の格差は続いており、それが子どもたちにとっての教育機会の不平等、ひいては貧困の世代的再生産に結びつき、アメリカ社会全体にも深刻な影を落としているのである。

3．アメリカで進む新自由主義教育改革

　アメリカにおける教育格差の問題は、今日では新自由主義に基づく教育の市場化によって是正が目指されている。**新自由主義教育改革**とは、公教育の統治と行財政システムへの民間人や団体等の参入と、市場原理に基づく教育実践の競争的評価と統制によって教育の質の向上を目指す改革手法である。

今日ではそれは「GERM: Global Education Reform Movement（ジャーム）」とも呼ばれ、世界的な教育改革手法のトレンドとなりつつあるが、公教育の民主的で公正な実施や、教育そのものの目的の矮小化や教育活動の劣化をまねくものとして批判される手法でもある。

　たとえば、筆者が研究対象としてきたシカゴ市の事例を紹介したい。シカゴでは強権を得た市長が標準学力テストに基づく新自由主義教育改革を進めてきたが、現在それは教育格差の是正ではなく教育の実質的な「貧困化」を引き起こしていた（篠原2014, 2015）。

　アメリカの連邦政府では、2001年成立の「落ちこぼれ防止法（No Child Left Behind Act of 2001）」によって、学力テストにおける子どもの成績に基づき学校現場と教師に厳格な結果責任を求めることで、学校と教師を公教育の改善へと向かわせようとしてきた。ところが、シカゴでは、この政策が特に貧困地域において、学校のカリキュラムと教師の教育実践に対する統制を強めていくことになる。貧困地域では学力向上の成果が現れにくいことから、至上命題である学力テストのスコアアップのために、授業内容は問題演習とテスト解法技術の習得に傾斜し、家庭での宿題は増加し、テストで問われない教科科目の削減ないし削除が進んだ。子どもの学びがますます学力テストの成果達成のためにシフトする一方、子どもたちの厳しい生活環境は改善が進められず、リテラシーや計算能力の機械的な習得に没入させられる現実があった。また、成果が上がらない学校は強制的に廃校となり、その代わりに、学力テスト対策に長けた民間企業やNPO法人が運営する公設民営学校が開設されたが、その学校への入学や転入が適わない子どもは遠方の学校に排除され、再びテスト対策に特化したカリキュラムで学ぶことを強いられていた。

　このように、シカゴで起きていた例は、もはや各国があこがれたアメリカの教育の姿ではない。教育の「貧困化」と呼べる改革の弊害に学ぶとするならば、これと同じ轍を踏まず、代替的な教育をいかに構想し構築できるかを考察することである。

4．オルタナティブとしての教育の正統性の実質化

　最後に、教育行財政および学校経営のオルタナティブを創造するために、アメリカの教育の負の側面より学ぶべき今後の課題に触れておきたい。

その課題とは、誰がどのように教育の政策を決定し実施するかという、**教育の正統性**を実質化させる問題である。教育行政学で教育の正統性の問題を早くから論じていた黒崎勲は、学校教育の妥当性を問い直すために、誰が何を目的に教育に関する決定と実践を行うかを問い、意思決定と価値内容を適切化する必要性を指摘していた（黒崎勲『教育行政学』岩波書店、1999 年）。教育の正統性の実質化を考えるには、教育上の適切性や「正しさ」を議論から切り離さず、民主的な手続きとそこで追求される教育的価値の実質を総合的に追求する道が問われなければならない。

　その認識に立つ時、シカゴにおいて新自由主義教育改革以前に取り組まれた**学校自治**（学校委員会：Local School Council）の経験を振り返り、学校とその地域において教育の正統性が追求された事例について再検証することが研究上の課題となる。民主的で公正な学校自治を実現させることは、あらゆる成員の参加や多民族・多文化の理解に基づく運営が求められ決して容易ではない。それゆえに、民主的な統治過程と教師らによる専門的かつ実践的な経営過程を持続可能にする課題をシカゴの経験から析出することができれば、それは日本における私たちの身近なコミュニティにおいても、教育上の望ましい価値や規範が当事者間でどれほど確認され追求されるかを内省することにつながる。公教育における教育の正統性の実質化の歩みを支える施策と構造とは何か、その探究に向けて、アメリカの教育から得られる示唆は今もなお残されているに違いない。

■主な引用・参考文献
　Ravitch, Diane (2013), *Reign of Error: The Hoax of the Privatization Movement and the Danger to America's Pubric School*, Knopf.
　Sahlberg, Pasi (2014), *Finnish Lessons 2.0*, Teachers College Prss.
　篠原岳司（2014）「アメリカにおける公教育解体危機と再興の手がかり――シカゴ学区を事例に」『人間と教育』No. 81、58-66 頁
　篠原岳司（2015）「米国における首長主導型教育改革――シカゴ学区における新自由主義教育改革を例に」『日本教育法学会年報』第 44 号、81-91 頁

12 文化的に適切な教育は可能か

ジェフリー・ゲーマン

> キーワード：文化的に適切な教育、教育の機会均等、教育人類学、エスノグラフィー、日本の少数民族

1. 文化によって、学業成績は左右される？

一見、的外れな発言のように聞こえるかもしれない裏にある発想は実は、少数民族の子どもたちや移民の子どもたちにとって、重大な問題で有り得、また、「**教育人類学**」と呼ばれる学術の専門分野の研究者にとって、中心的な関心領域でもある。

たとえば、日本人で北米に留学をし、授業中に発言をしないから相手にされず、しかもそのため授業参加度が低く評価され、成績が伸び悩む人の話を聞いたら、「シャイ」な日本人と自己主張が強いアメリカ人ということで、なんとなくイメージがわくかもしれない。

あるいは、理解を促進するために、次の具体的な場面を考えてみよう。アサバスカン民族出身の青年（A）とその教師である、白人の男性（K）。アサバスカンの文化では、目上の人の目を見ないことが尊重の印であり、美徳である。これに対し、北米の白人文化では、人の目を見ることが尊重の証であり、価値観の相違が問題になる、というわけである。

K：「最近、宿題の提出が遅いね」
A：沈黙し、頷き、床を見る（教師への尊敬の印）
K：（無視されていると感じ、いらいらし始める）「私の言っていること聞いているのかい」
A：（尊敬をしているしぐさである沈黙、目をそらす行為を示しているのに、なぜ怒られているか分からない）頷き、沈黙し続ける
K：（どんどんいらいらが溜まり）「人が話しているのに、なぜ返事をしないのか。私をなめているのか」
A：怒られている理由を理解できず、床を見続ける
K：「何も言わないのなら、帰ってもよい」（反応しない、ダメ生徒と烙印を

押す）
　A：黙ったまま帰る（白人教師は理由もなく怒る人と思って、信頼に傷がつく）

2．文化伝承や、集団の文化による教育的な相違を研究する学問分野

　文化の有り様をテーマとする文化人類学の下位分野に教育人類学がある。本来の関心はその上位分野が対象とする「文化」の継承であるが、近代文明の系統立てた文化伝承が行われる最も一般的な形態が「学校」の組織であることになった現代では、必然的に「学校現場」や「教室」を対象とする研究が多くなってきたのである。そこに、「**教育の機会均等**」「**教育の結果の平等**」が叫ばれる近代の教育論争に、上述の例のような（また日本では見落とされがちな）「文化」の役割について、教育人類学が興味深い問いを突き付けている。

　つまり、「教育」の中で推し進められている「文化」とは誰の文化であるのか、という問いだ。

3．教育の「問題」から「権利」へ──米国の教育人類学の研究領域や成果

　そもそも、（教育社会学分野では）学校教育には1）一人前の社会人として社会で機能できる人を産出する機能（社会化）、と2）社会の再生産という機能がある、とされている。特に近代以降の民主主義下のマス・エデュケーションでは、近代教育の最大の関心事は「教育の平等」であった。すなわち、教育制度の下で、社会化をする機会をいかに全ての個人に平等に与えるか、といったことである。これに対し、おそらく教育人類学の最も大きな成果の一つが、誰の価値観や世界観に基づいた「教育」を指しているのか、とその構図自体を問うことであり、また、近年、教育人類学、その他の分野の成果を導入して成立した「先住民族教育論」が疑問視している教育の範囲に対する問いであろう。

　そもそも、アメリカの教育人類学会と学校教育の接点・出発点は1960年代の貧困撲滅運動にあり、いわゆる貧困問題の主要な要因であるとされていた学業不振の原因を「マイノリティ」集団の文化で説明しようとしたことに対する反動にある。つまり、学業不振は子どもの文化に起因するものではなく、主流社会の教師の問題であることを論証しようとしたことにあった。

　そこで、人類学が得意とする民族誌的研究（エスノグラフィー）、身近なと

ころでの長期的な綿密な観察により、明らかにされたのが、「家庭の文化」と「学校の文化」の違いに代表される、口数や目線の違い等によるコミュニケーション様式の違い、数字や数の概念、間隔の捉え方等の認識方式の違い、活動の基盤を個人とするより、集団的な志向、等の児童生徒の文化的な特徴であった。

　もちろん、多民族国家アメリカでは、学業不振の「問題」が集中するのは、先住民族や移民といった「マイノリティ」集団である。「文化的に適切な教育」(culturally-relevant pedagogy) 概念が、1970年代に台頭し、80年代に公教育における「マイノリティ」の待遇に対し疑問を投げかけはじめた「多文化教育」の影響も受けて生まれたものだ。以前、「問題」とされていた文化的な相違が配慮されるべき「権利」としてとらえられ始めたわけである。以降、30年以上これに関する運動、研究が続いており、理論・実践の両側面に大まかな進展は見られるが、各国の事情の多様性による汎用性の限界、その時の時勢による不安定さも課題となっている。

4. 「先住民族教育論」における文化的に適切な教育の頂点と限界？

　上記のような個人的・教室レベルでの「文化的に適切な教育」の実践的課題と合わせ、民族集団に襲いかかる経済的課題等、「マイノリティ」が直面するマクロな課題に各方面から挑もうとする教育的取組みの一つに、先住民族教育論（インディジュネス・エデュケーション）がある。一般的に学校教育の範囲外とされる幼児教育～生涯教育を対象範囲としたり、地域開発に直結する先住民族の高等教育に挑戦したりする学際的な動きだ。重要なことに、先住民族の言葉、文化、歴史、世界観を中心に据え、教育においてそれらを最優先するための包括的な「ガイドライン」（文化的指針）を開発しているのみならず、先住民族の共同体を対象とした網羅的な研究指針も作成し、その遵守を求めている。北米、ニュージーランド、オーストラリア、北欧の先住民族に関する教育学的研究はこれらの動向を無視できない段階に進んでいる。

　いっぽうで、その反動に狭義の集団主義といった思想的な面に対する批判の他に、文化的に適切な教育を援用しようとする研究を複雑にしている現実問題に、今日のグローバル化した社会における「伝統的な」文化の衰退・変容の現象がある。また、教育問題を全て「文化」に関連させようとする傾向

があるという批判や、多民族共生社会において、それぞれの生徒の文化に配慮するといった、応用面での物理的な限界も指摘されていることも付するに値するだろう。

5．始まる前にもう既に終わっている日本の教育人類学？

　以上論じたように、実は、教育現場（教室、学校）における文化のあり方・教授・学習を左右する要因は様々であり、またマクロ的な要因の捉え方や研究への取り組み方自体は多文化主義や民族教育をめぐる社会的言説の進み具合によって規定されている側面もある。しかし、日本の教育学界は残念ながら、「文化的に適切な教育」論を受け入れる素地がまだできていないように思われる。

　つまり、日本にはアイヌ民族、琉球民族、在日の人々、外国人労働者とその子どもといった様々な民族的少数者がいる。しかし、現在の日本の教育を特徴づける一つの傾向として、「カラーブラインド」教育、すなわち、児童生徒の文化的出自とは関係なく、平等に教育を与えるという教育的発想が、**日本の少数民族**出身の児童生徒の個人的文化的特徴の軽視につながっていると言わざるを得ない。いっぽうで、確かに、郷土学習で文化は重視されるが、少数民族の集団全体としての経済的課題もそこでないがしろにされている。

結び

　教育哲学的な観点から、「教育」の目的や範囲を再考することは非常に価値がある行為である。マイノリティ集団による、教育に対する期待を実現させることは制度的・社会的に困難かもしれないが、目標を高くしつつ、教育人類学的研究をはじめ、教育研究に取り組むことが大切だ。

■主な引用・参考文献
　江渕一公（1982）「教育人類学」祖父江孝男編『現代の文化人類学②　医療人類学・映像人類学・教育人類学』至文堂、133-230頁
　ゲーマン，ジェフリー　ジョセフ（2012）「土着の知に基づいたアイヌ文化継承に関する研究――『カルチュラル・セーフティー』論を中心に」博士論文（九州大学）

> 協働の経験

13 協働の経験が生み出す思想

宮崎 隆志

> *キーワード：協働、ケア、生きづらさ、社会教育*

1. 生きづらさの時代

　私たちは一人では生きられない。幼い頃、迷子になり泣き叫んだ経験や大切な誰かを失ってしまった時の言い知れぬ喪失感を想い起せば、「私」なるものも一人では形づくれないことがわかる。こんなことは、誰でも知っているはずなのであるが、現実には多くの人が、一人で問題を抱え込み、場合によってはその問題に圧し潰され、悲鳴を上げている。

　悲鳴を上げても誰にもわかってもらえず、助けてもらえないという経験を重ねると、遂には悲鳴を上げることさえ断念される。誰でも自分の人生に対し責任を持ち、自由に羽ばたきたいと願っているにもかかわらず、人生を諦めざるを得ないようなリスクを、すべての人が抱えているのが現代社会である。

　1980年代以後の新自由主義＝市場原理主義は、瞬時に状況を判断し最適な投資ができる経営者のような人間像を社会構成の基底に据えた。既成の価値観にとらわれず、リスクを恐れずに挑戦することが重要で、その成否や価値は市場が事後的に評価する。そのような個人が多数輩出されることで、社会も善くなる。……これは確かに、一つの社会モデルである。しかし、それは誰もが市場を構成する商品や資本の言葉で思考し、語らねばならない社会の出現を意味する。人間の解放を願って誕生したはずの近代社会が、人間を商品や資本に屈服させるしかなかったとすれば、それは悲劇である。このように見れば、現代の生きづらさは決して個人的な問題ではない。むしろ、悲劇に帰結せざるを得ない近代の限界が、そこに現れていると言うべきであろう。

　それでは、社会が、そして近代が転換しない限り、私たちは生きづらさから解放されないのであろうか？　そして、個人の幸福追求を社会的に保障する機能としての教育は、何を課題にすればよいのであろうか？　この問いは、学校教育はもとより、若者支援や障害者・高齢者等の支援実践の現場や地域

づくり実践においても、学校教育とは異なる意味で「教育」的な接近を試みる場合には、必ず浮上する。その答えは、生きづらさそのものの中にある。

2．周辺から見える新たな世界

　二つの事例を紹介したい。一つは山形県において1960年代から70年代にかけて展開した農民大学運動である。当時の山形県は稲作経営という面から見れば条件が不利な地域であり、独自の思考に基づく技術開発や将来ビジョンの構築が必要であった。農民は自らの経営や生き方、そして地域のありかたを探求するために農民大学と名付けた学習運動を始めた。子どもや学校のみならず「国民の自己形成過程の総体」（剱持清一）を教育実践の対象に据えるべきだと考えた教師たちも合流し、共に運動を組織した。この学習運動のリーダーの一人である農民詩人の真壁仁は、開発主義の視点からは「辺境」（＝未開）として位置付けられた東北は、自然の厳しさの故にその制約を超える技術と文化を生み出す「先進地」であると主張した。真壁によるこの意味転換は、生命という視点を含む人間と自然との依存関係を基底に置いた人間存在論に立脚して成し遂げられている。地域は人工的に区分された空間でしかないが、独自の再生産の論理をもつ自律的な自然が、人間の精神的・物質的生活および生産活動ときりむすんで成り立つ生活空間である。そのように考える真壁は、地域を歴史性や文化性を備えた人間形成の空間として把握した。そして、国際的に展開する経済や政治の必要に基づき「合理的」に地域を編成できるかのように発想する机上の開発論を、その観点から批判し、自分と地域と世界を串刺しにする学習（上原専祿）によって、支配的な開発（発展）論に代わる独自の思想・世界観を構築することを試みた。

　このような思想形成の過程を見れば、周辺と言われる地域においてこそ、豊かな文化が生まれ、自然—人間—社会の総体を把握する独自の世界観が構築される可能性が見出されると言ってよい。

　もう一つの事例は、和歌山市を中心に展開している社会福祉法人一麦会・麦の郷である。麦の郷は、和歌山市を中心とした障害者、高齢者、不登校児・ひきこもり青年への生活支援と就労支援にかかわる約20の施設・事業の総称で、養護学校卒業生の進路先として、1977年に開設された共同作業所（保護者などの共同出資によって設立・運営される）が起点になっている。

1979年に至るまで、日本では障害児に就学猶予・免除制度が適用され、障害に直面する子どもたちは学習の場からも、労働の場からも排除されていた。そのような状況の中で、共同作業所は「生存権保障の砦」としての期待を担っていた。

しかし、交通事故でなくなった障害者の逸失利益が作業所の工賃で算定されたというニュースを知り、麦の郷では、自分たちの作業所もそのような状況に加担していることが意識されるに至った。生存権を守る砦といいながら、命の価値を切り捨てる社会システムを支えているという矛盾、あるいは自らの加害性が自覚されたのであった。この矛盾を解決するために、彼らは、行動・動作に焦点を置いた単なる作業訓練ではなく、「人に喜んでもらえる仕事」、すなわち社会を創る一員としての実感が得られる労働を実現することに価値を置くようになった。「仕事の一部でなく全工程に携われる仕事」や「誰もがすぐに技術を獲得できないもの（技術・誇りが身につくもの）」、さらには「何らかの形で生命にかかわれる仕事」、つまり生命の必要に応える仕事が追求された。現在では、地域の困りごと（商店がなくなった地域での買い物問題や耕作放棄地の管理問題など）を協働で解決する仕組みを様々に提案し実現している。

この二つの実践は、社会の周辺とされた領域は、私たちの生き方や世界の総体を問い直す学びを産み出す可能性を秘めていることを示している。生きづらさは、精一杯努力しても、もうそれ以上はどうにもならないという限界状況を意味している。周辺とは、生きづらさが凝集する場であり、その社会の限界状況に他ならない。そこから前に進むには、それまで正しいとされ、自分たちを拘束してきた物の見方や考え方を、一旦、括弧に入れる必要がある。

しかし、前進のためのモデルや正解は既存の社会のどこにもない。そこで次に求められるのは、互いの生きづらさをより深く聴き、努力すればするほどうまくいかないという矛盾を掘り下げる学びである。その学びは、一方では自然や生命という人間の暮らしの根源に遡り、他方では自分たちと同じような生きづらさをあちこちで生み出している社会の総体の把握へと展開するであろう。生きづらさという経験は、新たな世界観を創出するための学習資源であり、同時に自然―人間―社会の連関をトータルに把握するためのレン

ズでもある。

3．ケアと協働

　方向性を見失い、生きづらさを抱える存在は、常に最適解を導き出せる強い個人の対極に位置する。しかし、近代の人間のリアリティは前者にある。つまり、弱く、苦悩するのが人間の現実態である。そうであるが故に、私たちは他者を必要とし、他者に依存する。この相互依存関係を支える行為をケアと呼ぶなら、ケアは社会の周辺にある人々のための特別なものというよりも、むしろすべての人間が人間であるために欠かすことのできない実践といったほうがよい。逆に、ケアによって、私たちは共同的存在としての人間性を形作っていくとさえ言える。

　それでは市場型社会としての現代社会において、私たちはその側面を再び顕在化させることができるのであろうか？　先の二つの実践は、この問いに対する肯定的回答であるが、その理由は協働にある。生きづらさや弱さは社会的に生じているために、必ず共感され共有される。こうして協同が始まるが、共通課題を解決するための協働では、集った人々の間のパフォーマンスの差異や参加状況の差異も明らかになる。営利追求のための協働では、能力主義によって強い個人が再生産されてしまうこともあるが、生きづらさが深いレベルで共有された協働では、互いの差異を相互に補完するための種々の工夫、すなわちケアがなされることになる。個々の状況に応じて仕事の仕組みや組織のルールを臨機応変に変更する柔軟なコミュニティは、ケアが埋め込まれたコミュニティと言ってよい。

　翻って現代は、NPOや様々な非営利組織などの当事者による協働の取り組みが広汎に広がった時代である。その協働の経験を通して、ケアの思想、共同的存在として人間を理解する思想が生成する可能性が生まれている。その可能性を現実化するための実践的な条件を解明することが、現代の社会教育研究の基本課題である。

　■主な引用・参考文献
　　宮原誠一（1976）『宮原誠一教育論集』国土社
　　佐藤一子他（2015）『地域学習の創造』東京大学出版会
　　山本耕平・田中秀樹（2017）『対談集　笑顔と元気　麦の郷流』麦の郷出版

14 近代家族規範をこえて子育て支援を考える

丸山 美貴子

キーワード：近代家族モデル、家族規範、育児不安、子育て支援、親のエンパワーメント

1．子育て家族をめぐって

　子育てする母親のさけび「たった一人の子どもなのに育児がしんどい」「子どもとの生活の緊張から解き放たれたい」「欲しくて産んだ子どもなのに面倒がみられない。こんな親をもつ我が子はかわいそう」。みなさんは、このさけびをどのように思うだろうか。共感するか、母親なのだからもっとしっかりすべきだと思うだろうか。

　実際のところ、後者の考え方は、1990年代後半以降、社会的にも政策的にも高まっている。ひきこもり・少年犯罪・学力格差などの諸問題の根底には家族機能の低下があるが故に、家族の教育機能の支援を政策化しようという動向である。2006年には改正教育基本法に、第十条「家庭教育」、第十一条「幼児期の教育」が新設され、「家庭教育支援法」なるものも検討されている。これらの政策が前提としているものは、①子育ては、父母が第一義的に担うものであり、②家族には、教育力が備わるよう努力すべきものであるという家族規範、子育て観である。これらは、普遍的な事柄なのだろうか。

2．歴史的存在としての家族、モデル（理念型）としての近代家族

　近代以前をふりかえれば、今よりもっと多様な子育てや生活の共同化が当たり前のように行われていた。戦前までの日本は、第一次産業とくに農業に携わる家族が大半を占め、三世代にわたる大勢の家族成員が農作業に従事していた。母親は貴重な労働力であり、子育てはその合間になされるものであり、祖父母や姉兄、子守りなど複数の手で行われていた。さらに、生活も地域共同体の関わりが欠かせないものであり、個別家族は、村落や生活共同体と一体化しつつ、初めて子どもを一人前の大人に育てるという機能を維持し得ていたと言えよう。

　夫婦の愛の結晶である子どもの教育を中核に置き、夫は外で働き妻は家庭を守るという性分業をベースとする家族・生活スタイルは、近代家族と呼ば

れる。日本では大正から昭和初期に都市部で誕生し、高度経済成長とともに日本型企業社会を支えるものとして成立した。近代家族は、生産活動を外部化し、生活に必要な商品やサービスを市場から得る消費者家族へと変容し、家族の個別化がすすんだ。子育ては、多様であった共同の営みを断ち切り、家族単位でのきわめて私的で個人的な営みへと変化した。

家族の変化と同時に、標準的な家族像＝**近代家族モデル**が浸透し、「幸せな家族像」として人びとの意識や行動を縛っていくようになる。このモデルは、子育ては母親の責任という規範を含んでいる。女性は母親になると無私の母性愛を抱き、子育てに専念するものだという「母性愛神話」や、三歳までは母親がつききりで愛情をこめて育てることが必要という「三歳児神話」が社会に広められたのもこの時期である。

3．「子育て困難社会」のはじまり——母性の危機か、子育て環境の危機か

60年代の少年非行、70年代の「コインロッカー・ベイビー」事件に象徴される子殺し、80年代の家庭内暴力など、時期によって表面に出る問題は異なるものの、「家族の危機」がマスコミを含め叫ばれると、その要因として、母親の就労や母性喪失、母性過剰など「母性」が問題化され、母親が問題の要因とされた（その典型例が1979年にベストセラーになった久徳重盛の『母原病』である）。

しかし、80年代には母性要因論を相対化する実証研究が登場してくる。それは、子育てに関わり母親が抱えるマイナスの感情や疲労を「**育児不安**」として社会的疲労やストレスと同等のものとして扱い、「育児不安」が高まる社会的構造を明らかにしようとする試みであった。「育児不安」と関連する要因として、夫の育児参加の少なさ、近所づきあいの希薄さ、母親になるまでの子育て経験の乏しさなどが挙げられ、働く母親より専業主婦の「育児不安」が強いことも指摘された。

これらの研究によって、母親の心理的健康は、父親の存在とともに、親族、地域、社会的機関など家族外からの援助の有無に関係することが明らかになった。すなわち、子育ての責任を母親に矮小化する前提が覆され、子育ての問題は、家族内にとどまらない人間関係網や社会構造の問題であるという理解が提起されたのである。

しかし、社会構造は大きく変わることなく、進行する少子化に対し、90年代には、政策としても「母親子育て責任論」から方向転換せざるを得なくなった。具体的施策として、1994年に「エンゼルプラン」、1999年「新エンゼルプラン」、2003年「次世代育成支援対策推進法」「少子化社会対策基本法」が矢継ぎ早に施行された。それは、子育て責任を家族・母親のみに負担させるのではなく、国・自治体、地域、企業なども含め社会全体で支援していく社会形成を目指すものであった。

内容としては、少子化対策として仕事と子育ての両立支援を柱に、延長保育や低年齢児保育、一時預かりなど保育事業整備から始まり、すべての家庭を含めた子育て支援が重点課題となり、家庭で子育てする親を支える居場所づくり事業へと拡充してきた。また、子育てを手助けするための様々な公共的サービス事業も整備されてきた。子育て支援が始まってから20年余年。様々な子育て支援施策が打ち出されてきたが、冒頭で述べたような「子育てのしんどさ」を訴える母親の声は高まっているように思われる。なぜなのだろうか。

4．子育て家族の多様化と子育て支援

ここ20年の家族の傾向をみてみると、児童のいる世帯での核家族化がさらに進行し、ひとり親家庭の増加など、家族内での子どもに関わる大人の数が減少している。また、家族外の親族や近隣の人びととのつきあいが薄い家族も増え、子どもが育つ地域で手をかけ目をかけてくれる大人が少なくなってきている。

また、経済構造の変化に伴い、就労する母親が増えると同時に、30代の子育て期の父親の労働時間が増加している。「仕事を優先せざるを得ない父親」の家庭では、母親に家事・育児の負担が大きくかかっており、それは、仕事を持つ母親でも同様である。かつての「男は仕事、女は家庭」という性分業から「男は仕事、女は仕事も家庭も」への変化であり、子育ての負担が個別家族（家族成員のなかでも母親）に過重に集中する構造が強化されている。

また、世帯の経済格差が広がり、貧困状態にある子育て世帯も増加した。経済的困窮は、子育てに関わる商品やサービスなどの社会的資源の活用を困難にし、人とのつながり形成も難しくしている。

このように近代家族モデルに当てはまる家族が減少し、多様な家族が増えてきたのが実態である。それにもかかわらず、性分業や「子どもの養育と費用調達の負担は親・家族が担うべき」すなわち「子育ての第一義的責任は父母にある」という近代**家族規範**は今なお根強く、親たちを強力に縛っていること、多様な家族に即した支援となっていないことに難しさがあるのではないだろうか。

　先に述べた子育て支援施策は、一見すると親の要求に応えているかのように見える。しかし、保育事業の整備や種々のサービス事業の拡充は、利用者としての親支援にとどまり、子育ての負担を肩代わりするサービスを提供して、賢い「消費者」として親にそれらの選択を求める支援とも言える。「子育ての第一義的責任は父母にある」という規範の延長にあるのではないだろうか。

　だからこそ、近代家族規範をこえて、「困ったときに助けて」と言える関係、「お互いさま」の関係を他者とのネットワークのなかで作り出していかなければならない。それは、子育て家族を支える地域的・社会的支援の課題である。そのような子育て家族の援助者・支援者の活動や実践、制度の構築が求められているのではないか。

　同時に、親とは社会的支援に支えられた経験の積み重ねのなかで「なっていくものである」という**親のエンパワーメント**の視点が必要である。それは、決して政策的に個別家族に課せられる義務ではなく、個人的な学びの経験でもない。親は、人生のなかで子育てという答えのない難題に直面する。しかし、この難題は、同じ時代、同じ地域、同じ社会に生きる他者によって共有されうる。この共有された課題を協同の努力でとこうとする協同の経験のなかで学ばれるものではないだろうか。

ブックガイド（各レッスンの推薦図書）

1 educationは能力を引き出すことか
  1. ミシェル・フーコー（1995）『言語表現の秩序』（河出・現代の名著）中村雄二郎、河出書房新社
     教育は支配的言説システムを習慣化する実践である。教育思想を言説運動として研究するための入門書。
  2. 寺崎弘昭（2006）『教育の古層――生を養う』かわさき市民アカデミー講座ブックレット
     近代学校の歴史的特異性を問い、educationの古層から《教育》の再生の可能性を見据える。
  3. 白水浩信（2004）『ポリスとしての教育――教育的統治のアルケオロジー』東京大学出版会
     18世紀フランスを舞台に、統治と教育という双子の技術がいかなる理路の下に構想されていたかを探る。

2 子どもを育てるのは誰か
  1. 道信良子編著（2015）『いのちはどう生まれ、育つのか――医療、福祉、文化と子ども』岩波ジュニア新書
     「いのちの多様性」について、人類学・医学・福祉学等の専門家が語るオムニバス。
  2. 広田照幸（1999）『日本人のしつけは衰退したか――「教育する家族」のゆくえ』講談社現代新書
     子ども観やしつけ観の歴史的変遷をたどり、現代における家庭教育言説の背景を分析。
  3. 近藤幹生（2000）『人が好き 村が好き 保育が好き』ひとなる書房
     信州の農家の子どもたちと織りなす日々の記録から、「保育とは何か」を考える。

3 子どもは大人を社会化するか
  1. 高田明（2019）『相互行為の人類学――「心」と「文化」が出会う場所』新曜社
     アフリカと日本での子育てをめぐる家族のやりとりを対象としたエスノグラフィー。
  2. 岡本夏木（2005）『幼児期――子どもは世界をどうつかむか』岩波新書
     子どもの視点に立って「子ども」を研究するためのヒントを与えてくれる。
  3. 有元典文・岡部大介（2013）『デザインド・リアリティ――集合的達成の心理学（増補版）』北樹出版
     コスプレなどの活動を社会や文化という観点から分析。センター試験で出題された！

4 やる気を理解すること
  1. Elliot, A.J., Dweck, C. S., & Yeager, D. S. (Eds.) (2017). *Handbook of Competence and Motivation* 2nd edition. New York: The Guilford Press.
     世界最先端の執筆陣が各領域のレビューと最前線について記述している。世界的な研究の動向が分かる1冊。
  2. 外山美樹（2011）『行動を起こし、持続する力――モチベーションの心理学』新曜社
     古典的な研究から最近の研究まで詳細かつ分かりやすく解説されている。初学者に推奨したい1冊。
  3. 鹿毛雅治（2013）『学習意欲の理論――動機づけの教育心理学』金子書房
     動機づけの様々な理論について詳細に解説されている。専門的な学習に必携の1冊。

5 授業における学び――授業を研究する
  1. 吉田章宏（1999）『ゆりかごに学ぶ 教育の方法』一茎書房

現象学的な教育学研究の第一人者である著者が、教育の方法について検討したもの。
2. 佐藤学（2012）『学校を改革する』岩波ブックレット
「学びの共同体」を提唱した教育学者が、その考え方と具体的方法を解説したもの。
3. 守屋淳・澤田稔・上地完治編著（2014）『子どもを学びの主体として育てる』ぎょうせい
「子どもが学ぶ主体である」ことの意味とその実践の具体について、紹介し論じたもの。

6 学力は、自分の努力の結果か
1. 片山悠樹・内田良・古田和久・牧野智和編（2017）『半径5メートルからの教育社会学』大月書店
データを示しながら論述すること、に力点がおかれている初学者向けテキスト。
2. 酒井明・多賀太・中村高康編著（2012）『よくわかる教育社会学』ミネルヴァ書房
基本的には見開きで1つの項目が扱われており、辞書的な利用が可能なテキスト。
3. 久冨善之・長谷川裕編（2019）『教育社会学 第2版』学文社
教職という視角から教育社会学の学問的特徴を整理しようとするテキスト。

7 外国語（英語）の文法指導の内容に関して——場所を指示する表現を含む文の場合
1. 数学教育協議会他編（2012）『算数・数学つまずき事典』日本評論社
算数・数学を学んでいる中で現れる「つまずき」を活かして、わかるための考え方を解説している。
2. 板倉聖宣・堀江晴美（2017）『理科オンチ教師が輝く 科学の授業』（やまねこブックレット教育）、仮説社
〈楽しくわかる喜び〉に関する講演記録、《豆電球と回路》の授業記録を収めている。
3. 今尾康裕他編（2017）『英語教育徹底リフレッシュ—グローバル化と21世紀型の教育—』開拓社
言語教育や言語学等の最新の知見を提供して、新たな英語教育のあり方を提案している。

8 学校体育に「スポーツ」は必要か
1. 中村敏雄編（1997、1998）『戦後体育実践論』（第1～3巻）創文企画
戦後50年間にわたる体育に関する実践や主張を整理し、大胆に考察し検討された基本文献。
2. 高橋和子（2004）『からだ——気づき学びの人間学』晃洋書房
まるごと「からだ」である人間存在の諸相に気づき、学ぶためのガイドラインとなる。
3. 大久保英哲代表（2012）『体育・スポーツ史の世界——大地と人と歴史との対話』渓水社
洋の東西を問わず、古代から現代にいたる体育・スポーツ史の世界に触れることができる。

9 「学問の自由」は研究者の自由か
1. 堀尾輝久（1989）『教育入門』岩波新書
教育は自律性であるべきとする教育観の思想史的意義を説き、実践的課題を探る。
2. 渡辺洋三他編（1994）『日本社会と法』岩波新書
法の観点から、学校構成員の自由の制約、子ども・親の自由への干渉の問題を論じる。
3. 池内了（2016）『科学者と戦争』岩波新書
研究成果の利用に無関心な「象牙の塔」の大学観と「軍学共同」問題に警鐘を鳴らす。

10 大学における教員養成をどのように理解すれば良いか
1. 日本教師教育学会編（2017）『教師教育研究ハンドブック』学文社

日本の教師教育に関する研究と実践の到達点を多面的にわかりやすく解釈するものである。
 2. L. ダーリング-ハモンド＆J. バラッツ-スノーデン編（2009）『よい教師をすべての教室へ』秋田喜代美・藤田慶子訳、新曜社
 新任教師の養成教育に着眼し、アメリカの教師教育や授業に関する研究成果をまとめている。
 3. 浜田博文編著（2012）『学校を変える新しい力』小学館
 面白い事例を通して学校を変える教師力を描き、学校の様子がリアルに再現されている。

11 アメリカの教育改革の光と影
 1. 鈴木大裕（2016）『崩壊するアメリカの公教育』岩波書店
 ニューヨークで研究生活を過ごした著者がアメリカの公教育の問題状況をリアリティをもって指摘する。
 2. アンディ・ハーグリーブズ（2015）『知識社会の学校と教師』木村優・篠原岳司・秋田喜代美監訳、金子書房
 知識社会へと転換する現代における学校と教師の困難と、望むべき克服の道筋を描き出す。
 3. エリン・グルーウェルとフリーダム・ライターズ（2007）『フリーダム・ライターズ』田中奈津子訳、講談社
 人種差別と貧困に苦しむ生徒たちと若き教師が起こした教育における自由と解放への歩み。

12 文化的に適切な教育は可能か
 1. 江渕一公（1982）「教育人類学」祖父江孝男編『現代の文化人類学② 医療人類学・映像人類学・教育人類学』至文堂
 日本語で書かれた唯一の教育人類学の歴史、キー概念、主要研究法等に関する概説。
 2. 伊藤泰信（2007）『先住民の知識人類学――ニュージーランド＝マオリの知と社会に関するエスノグラフィ』世界思想社
 マオリ民族の教育的取り組み（先住民族教育）を文化人類学の視点から取り上げている。

13 協働の経験が生み出す思想
 1. 佐藤一子編著（2015）『地域学習の創造』東京大学出版会
 地域という概念がもつ学習論上の意味を国内外の実践を踏まえて多面的に解明している。
 2. 山本耕平・田中秀樹（2017）『対談集 笑顔と元気 麦の郷流』麦の郷出版
 日本の地域福祉の代表的実践の一つである麦の郷の歩みを総括し、人が育つ場づくりの条件を解明している。
 3. 宮原誠一（1976）『宮原誠一教育論集』国土社
 学校よりも地域社会を基盤に置いて教育を論ずる際の基本的な枠組みを示した教育理論。

14 近代家族規範をこえて子育て支援を考える
 1. 木村涼子（2017）『家庭教育は誰のもの？――家庭教育支援法はなぜ問題か』岩波ブックレット
 「家庭教育支援」の強化が社会にもたらすものを「国家と家族」関係の視点から考察する。
 2. 牧野カツ子・渡辺秀樹・舩橋惠子・中野洋恵（2010）『国際比較にみる世界の家族と子育て』ミネルヴァ書房
 子育て家族の現状や親の意識・実態を調査から国際比較し、子育て支援の今後の課題を探る。
 3. 横川和夫（2001）『不思議なアトムの子育て――アトム保育所は大人が育つ』太郎次郎社
 保育士や親たちが協同関係の形成をとおして親として市民として成長する実践を紹介する。

III

社会と文化

III　社会と文化

　人はこの世に生まれ落ちた時から他者の手を必要とする存在である。他の人びとが織りなす世界に身を投じ、他者に囲まれ、他者とかかわりながら育ってゆく。食・衣・住や暮らしの知恵、言語や多様なコミュニケーションの様式も先行世代から受け渡されてきた経験の集積であり、その只中に身を置き、自らもそこに新たな実践を重ねながら、少しずつ自分のものにしてゆく。仕事（労働）はそれが集約的に現れる場の一つである。第III部では、このような暮らしのいとなみも人が育つ場としてとらえ考察してゆく。

　ところで、私たちがかかわる他者とは眼前に実在する人物に限定されない。読書をすれば、本の書き手だけでなく、その著者が対話を重ねてきた数限りない先人たちの姿が立ち現れてくる。メディアの世界の広がりは、物理的・時間的な距離をものともせず遠くにいる「他者」を自在に呼び出すことができる。異なる他者との出会いや交流は私たちの日々の暮らしを豊かにしてくれる学びの機会となる。

　他方、明確な目的や意図をもって人や金や物を割り当て、一定の見通しと具体的な計画の下に活動を展開することで人を育てようとする場もある。こうした教育機関の典型が学校である。かつては身分や性別や職業によって基本的に異なっていた。しかし、日本の場合で言えば、明治新政府によって新たな制度設計がなされ、すべての人びとを等しく「日本国民」へ養成する近代学校が始まり、北海道も沖縄も植民地の人びとも、女性も、労働者も、学校教育の対象となった。同時に、「国民」の中には秩序や排除も埋め込まれていた。

　その後、日本の学校は、日本国憲法、教育基本法の制定を経て、個人の人格形成と民主主義社会の実現を掲げて現在に至る。では、そこで学ぶ者にとって学校とは何であったのかと目を転じて見るならば、学校の影響は崇高な理念や目的に収まりきらないことがわかる。学校や教師の意図を超えて、時にはそれを裏切って、生徒たちは「自由に」

学ぶ。朝礼、入学式・卒業式、始業式・終業式といった儀式は現在も多くの日本の学校で行われているが（諸外国では必ずしも一般的でない）、そこで学ばれているのは校長先生の訓話の内容よりも直立不動の身体動作かもしれないし、「男女は別に並ぶのが自然」「女子は男子の後ろに並ぶものだ」「学級委員や生徒代表は男子でしょ」「高校になると男の先生があたりまえ」といったことかもしれないのである。

さらに、人びとに及ぼす学校の影響の大きさを示すものに「どこの学校（大学）を卒業したか」という履歴がある。義務教育以降の学校は、その入口でも出口でも選抜や選択に何らかのかかわりを持つ。学校の履歴などたいした意味はないと思いつつも、私たちがそれをどこかで（あるいは、すごく）気にせずにはおれないのは、それが社会システムのなかにしっかりと組み込まれているからでもある。

このように教育は、文化、歴史、社会の文脈で様々に論じることが可能である。むしろ多角的な視点を組み合わせて総合的に議論することが求められてもいる。日常的な実践は、決してその歩みを止めることはない。ただし、それを「研究する」際には、いったん立ち止まって足元を見つめ直す作業が不可欠である。ある巨大な装置に放り込まれている時、所与のもの、疑う余地のないものとして、その装置自体を意識することを私たちは忘れがちである。しかし、視点を我が身から引き離して状況を俯瞰し、異なる他者の立場や視点を想定することで、その装置を分析や認識の対象に据えることは可能である。その時に見えてくる風景、そこで切り拓かれてゆく地平が、教育を考える重要な手がかりとなる。これは、研究する者自身に、自らの視点と足場をとらえ返すことを要請する作業でもある。

人は、その人が置かれた社会や文化によって育てられると同時に、新たな実践をそこに重ねながら、それを変え、創造しうる存在でもある。未来の教育へ向けた希望もまたそこから生まれてくる。（辻　智子）

中心と周縁
1 フロンティアを／フロンティアから考える

北村 嘉恵

キーワード：移民・植民、先住民族、中心／周縁、境界領域、歴史認識

1．〈フロンティア〉の響き

　〈フロンティア〉という言葉には、どこかしら人を誘(いざな)い、鼓舞するような響きがある。それは、「未知」の世界、「未踏」の領野というイメージをともない、「最先端」を切り拓いていく者の高揚感や、新たな可能性に対する期待感をもまとっている。企業名やチーム名などにフロンティアという語を用いる例は少なくないし、学問の世界でも『○○研究のフロンティア』『○○論のニューフロンティア』といった書名はしばしば見かける。

　『広辞苑』（第七版）でこの言葉を引いてみると、「①国境地方。辺境。特に、アメリカの西部開拓における未開拓地域。②最前線。未開拓の分野。」と二項にわたる説明がある。上述のような語感からすると、「辺境」という説明には、やや意外な感を受けるだろうか。たしかに『教育史研究の最前線』という書籍はあるけれど、『教育史研究の辺境』となるとまた違った興味をそそられる。これら「最前線」と「辺境」という、一見するとかなり異なるニュアンスの語意をつなぐのは、「未開拓」の領野という観念だ。

　一方、『オックスフォード英語辞典』(*Oxford English Dictionary*) で frontier を引くと、1. 正面、2. 儀礼用の額飾り、3. 軍隊の前線、など現在では使われなくなった用法に次いで、4. 他国に面している地域、5. 国境の要塞・町、6. 国境への入植者といった説明がある。ここでこの語が日本社会の文脈に移入され流通するプロセスをたどる余裕はないが、さしあたり外来語としての〈フロンティア〉の語感が19世紀末アメリカに生まれた独特の用法に連なっているらしいと押さえておこう。

　土地であれ資源であれ、あるいは技術や学知であれ、「未開拓」の領野は広大であり開発を待ち受けている。その第一線で奮闘する人材を求めている。〈フロンティア〉という言葉は、そのような観念と表裏一体である。だから、〈フロンティア〉は文明の中心から遠く離れて未開と境を接する辺境であると同時に未発の可能性を掘り起こしていく最前線だ、と思い描きやすい。

2．帝国日本の〈フロンティア〉

　1912年1月から4月にかけて『東京朝日新聞』に連載された夏目漱石の小説「彼岸過迄」には、大学を卒業して就職活動に行き詰まりつつあった田川敬太郎という青年の境遇が次のように描かれている。

　　彼は毎日見る下宿の下女の顔に飽き果てた。毎日食う下宿の菜にも飽き果てた。責めて此単調を破るために、満鉄の方が出来るとか、朝鮮の方が纏まるとかすれば、まだ衣食の途以外に、幾分かの刺戟が得られるのだけれども、両方共二三日前に当分望みがないと判然して見ると、益々眼前の平凡が自分の無能力と密接な関係でもあるかのように思われて、ひどく盆槍して仕舞った。

　作品の舞台は1900年代初頭、大学卒業生の数が同年代の男性人口の1パーセントに及ばない時期である。在学中にはシンガポールのゴム林で監督者としてハヴァナをぷかりぷかりとふかすような未来を思い描いていたこともあったが、いざ卒業してもいっこうに就職先が決まらない。「満鉄の方」とは日露戦争により獲得した利権をもとに1906年に設立されたばかりの南満州鉄道株式会社、「朝鮮の方」とは1905年に日本が大韓民国を保護国化して設置した朝鮮統監府の関係だろう。これら「外地」に進出してゆく官民組織は事業推進を担う〈有用な人材〉を「内地」に求め、多様な人々が希望や失意を胸に「外地」へと渡った。鬱屈した単調な日常からの脱出を希う田川敬太郎は、そのなかの一人であった。

　北海道大学の前身である札幌農学校の関係資料のなかには、このような人々の潮流の一端を窺いうる資料が残っている。たとえば、1906年5月に第三代校長佐藤昌介と新渡戸稲造との間で交わされた電報を見てみよう。まず中国東北部へ出張中の新渡戸より札幌の佐藤校長宛に、奉天農事試験場を設立するにあたり技手一、二名を札幌農学校伝習科卒業生より採用したい旨が伝えられる。採用条件は、俸給が現給の二倍（！）の見込み、任地までの旅費はもちろん、支度料として月給10カ月分、宿舎ありという好待遇だ。加えて、場長には同校卒業生である横山壮次郎が就任の見込みだという。これに対して佐藤校長は「適任者あり」「月俸百五十円のもの二名」を採用してほしいと即座に返電した（「明治三十九年　札幌農学校公文録」第一冊）。

佐藤と新渡戸は札幌農学校の第一・第二期生として学生生活を過ごし、同僚として同校草創期の教育活動を担い、新渡戸が札幌を離れた後も緊密な関係が続く。日本で最初の「植民学」講義を相前後して担当した二人は、北海道をはじめ台湾、朝鮮、中国東北部における植民事業の展開との関わりも深い。卒業生の就職斡旋をめぐる上述のやりとりは、そうした研究・教育・運営の一環である。

3.〈フロンティア〉からの視点

　もっぱら政治学や地理学が関心を寄せてきたフロンティアについて、歴史研究の主題として取り上げたのはターナー（Frederick J. Turner）である。彼は、ヨーロッパ史の周縁的な部分として北アメリカ史を捉える見方——アメリカ合州国独立から100年以上を経てなお主流であった——を斥け、北アメリカ東部海岸地域から西部へと前進するフロンティアの経験こそがアメリカ合州国の発展と独自性を創出し、それは逆にヨーロッパへも影響を及ぼしたのだと論じた。その主論文「アメリカ史におけるフロンティアの意義」(1893) は、前述したオックスフォード英語辞典の用例として挙げられるほどに frontier をめぐる議論を活性化させ、アメリカの歴史・文化の理解に影響を与えた。と同時に、その白人男性植民者を中心とした視点が批判・克服の対象ともなってきた。

　近年は、西欧からの一方的な前進地としてフロンティアを捉えるのではなく、**先住民族**などの異なる中心をもつ複数の世界が遭遇する中間的な領域として捉え、相互交渉のダイナミクスに光を当てるアプローチがある。また、境界が移動する様態とその意味を、国家・国民の拡張・発展の歴史としてではなく、**境界領域**に生きる人々——境界により隔てられ、あるいは境界を跨いで生活する——に着目して考える試みもある。日本の近現代史に関しても、国の勢力範囲の伸縮に随伴した日本人の進出や引揚に視野を限定するのではなく、度重なる国境線の移動が境界領域を生きる人々にとってどのような意味をもつのか、国境線の変動により断絶したもの・連鎖しているものは何なのか、といった問いの検証が進みつつある。

　近代日本の形成過程で日本の領土に組み込まれた北海道の歴史、北海道の開拓事業の最前線の一端を担ってきた北海道大学の歴史についても、問い直

しの契機は随所にある。その一片の手がかりとして、あるエピソードを記しておこう。数年前、大学附属図書館本館ロビーで企画展示「"台湾は天然の恩恵裕なる"――植民地台湾を駈けた北大卒業生たち」（附属図書館・大学文書館共催）が開催された。これを観たという台湾の友人が、短い言葉で感想を伝えてきた。「まるで台湾の住民は存在しなかったようだ」と。たしかに、同展示は戦前期に台湾で就職や調査研究をした北大卒業生たちの活動をたどる手がかりを提示してはいたが、彼らが対面ないしすれ違ったであろう台湾の住民たちの姿は視界に入ってこない。卒業生たちが台湾を「駈ける」ために、各方面でどのような地ならしがあったのか。卒業生たちが「改良」に関与した米、砂糖、パイナップルなどを、台湾の農民たちは食べたのか。こうした問いについて視界が閉ざされたまま、卒業生たちの活躍がクローズアップされているともいえる。たとえば同じように「北海道を駈けた北大卒業生たち」という企画を想定するとき、その視角／死角はどのように浮かび上がるだろうか。北海道や樺太・サハリンなどに先住してきたアイヌ民族の存在、そして**移民・植民**の関係は、どのような像を結ぶだろうか。

　昨年は、政府主導により「明治」改元にちなんだ「明治維新 150 年」記念事業が実施される一方で、「戊辰戦争 150 年」など異なる視点からの歴史像が提起され、改元を基点とする**歴史認識**も改めて議論の対象となった。北海道では、「開道」「開基」という語を避けて「北海道命名 150 年」という標語のもとで関連イベントが実施されたが、「命名」前後の歴史をいかに理解するかをめぐる議論は 151 年目の現在も継続している。一方的な開拓・発展の歴史ではなく、単なる相対化でもなく、いかに議論を重ね認識を深めていくか。〈フロンティア〉という語を糸口として人々の営みや想念について歴史的にたどる試みは、自らにとっての〈最前線〉のイメージや自らが身を置いている〈**中心‐周縁**〉の磁場を問い直していく小道へとわたしたちを導く。

■主な引用・参考文献
　藤原辰史（2012）『稲の大東亜共栄圏――帝国日本の「緑の革命」』吉川弘文館
　井上勝生（2013）『明治日本の植民地支配――北海道から朝鮮へ』岩波書店
　北村嘉恵（2017）「台湾先住民族の歴史経験と植民地戦争――ロシン・ワタンにおける『待機』」『思想』第 1119 号、岩波書店
　テッサ・モーリス＝鈴木（2000）『辺境から眺める――アイヌが経験する近代』大川正彦訳、みすず書房

国家と国語

2 一つの国家、一つの国語という「常識」

近藤 健一郎

キーワード：国語、共通語、方言、近現代沖縄、方言札

1．旅するとき

　旅するとき、楽しい期待と同時に、不安はないだろうか。あるとしたらどんな不安だろうか。どこかへ旅したときのことを思い出したり、想像したりしてみよう。

　国外へ旅するときは、とくに初めての地であればなおさら、自身にとって未知の地ゆえの期待と同時に不安も大きいだろう。その不安は、その地の食事だったり、治安だったり、その地で話されることばに通じていないことだったりするかもしれない。多くの場合は普段暮らしている地のようにはいかず、ものが買えないなどの経験をもつ人も少なくないだろう。私もそんな一人である。

　一方で国内を旅するときは、その地に不案内なための不安はあるだろうが、意志を伝えることばについての不安は大きくはないだろう。「国語」（日本語、共通語、標準語）が通じるためである。それでも、聞いたことのない、その地のことばに接することは多い。先日、香川県の図書館へ行く途中の車内で「まがっりょる」と書かれているマナー広告を見た。絵入りの広告であったので、その意味をだいたい察することはできたが、音声で聞いただけならば、香川県にゆかりのない私にはわからなかったにちがいない（その広告によれば、「まがっりょる」は「邪魔になっていますよ」の意味とのこと）。こうしたことばは通例「方言」と呼ばれる。

2．「共通語と方言」

　日本の義務教育期間においても、方言についての学習が国語科に数時間程度設けられている。小学校高学年での学習に続き、中学校でも2021（令和3）年度から完全実施される学習指導要領には、1年生の国語科の内容のうち「知識及び技能」の一項目として「共通語と方言の果たす役割について理解すること」が掲げられている。教科書では一般的に、「共通語」が全国に

通用することばであるのに対して、方言はある地域のみに通用し親しい間柄で用いることばとされている。小・中学校で、自分たちの暮らす地域の方言を探し、それを共通語でどのように表現するかを学習した記憶のある人もいることだろう。

　国内の旅先でも普段話していることばが通じるということは、全国に通用する共通語が存在することを示している。とくに現在では、全国放送のテレビ番組等から流れる音声は全国津々浦々に行きわたり、共通語を普及するとともに、流行語のような新しいことばをつくることにもなっている。

3．全国に通用することば

　ひるがえって考えてみよう、「昔」から全国で通用することばはあったのだろうか。ここで百年ほど時をさかのぼろう。実験放送などを除けば、ラジオは1925（大正14）年、テレビは1953（昭和28）年の放送開始なので、まだラジオもテレビもなかった頃のことである。そのような時、すべての子どもたちを対象とした小学校は、全国に通用することばを教える場としても位置づいていた。

　1904（明治37）年から全国すべての小学校では、文部省が編纂する国定教科書を順次用いていくこととなった。1904年度から国語科で用いる『尋常小学読本』について、文部省は編纂趣意書において「用語は主として東京の中流社会に行はるるものを取り、かくて国語の標準を知らしめ其統一を図るを務むる」と述べている。つまり小学校の国語科の国定教科書を用いる授業によって、「東京の中流社会」で話されることばを「国語の標準」として教え、全国各地でまちまちなことばの「統一を図る」というのである。それは発音矯正から始まり、東北地方で「イ」と「エ」、「シ」と「ス」などが、東京地方では「シ」と「ヒ」が、九州地方では「ダ行」と「ラ行」が混同しているので、それらを含むような単語について挿絵を用いて発音と文字を習得させ、訛音（なまり）を正そうとするのであった。

　また、これと並行して、1902（明治35）年に設置された国語調査委員会では、全国の「方言を調査して標準語を選定すること」を任務の一つとしていた。この調査には、全国の学校とくに教員養成を担っていた師範学校があたることが多かった。

III 社会と文化

このように百年ほど前の日本では、国家づくりの一環として国のことばとして国語を統一しようとしていたのである。

4.「方言」から「国語」への矯正——近現代沖縄において

このような国語をめぐる政策と教育が全国的に展開していくこととなるなか、明治維新後に琉球王国を廃され日本の一県となった沖縄では、1900年代前半に「方言札」というものが使われ始めた。

方言札とは、体験者による多くの回想によれば、学校や時期により差異は大きいが、学校・教室において（のちに学校外においても）沖縄のことばを話したことを見つかると首から札をぶら下げさせられ、他の誰かが沖縄のことばを話すのを見つけて、その人に渡していくものであった。その札を持っていた人は、掃除当番などの罰を負わされることも少なくなかった。

もちろん、この方言札が沖縄において国語を教える唯一の方法であったわけではない。通常の教科書の読み書きなどのほかに、たとえば学芸会などの機会に子どもたちに国語で発表させる方法もとられた。それでも方言札は、何らかの規則に定められたものではなかったにもかかわらず、沖縄県内各地の多くの学校において1900年代前半から1970年代半ばまでの長きにわたり用いられ続けた特徴的な方法であった。

1900（明治33）年頃、沖縄以外の出身で沖縄の学校に勤めていた教員たちが沖縄のことばを撲滅しようと考える一方で、沖縄出身の教員たちはことばによる差別や未開視から脱却したいと考えた。意図において差異がありながらも、沖縄のことばではなく国語を話せるようにしようという点では一致し、琉球王国期に地域の慣習として存在していた罰札を応用して、方言札が作られた。

この札には、学校では国語を話すべきだという教員たちの意図が示されている。そのような意図にもかかわらず、70年もの長きにわたって方言札が用いられ続けたということは、学校

図1 沖縄のある小学校で用いられた方言札
（沖縄県竹富町喜宝院蒐集館所蔵）

において子どもたちは沖縄のことばを話し続けていたことを意味していると考えられる。沖縄のことばを話す子どもたちがいないならば、それを禁じる必要はなく、方言札は無用の存在となったはずだからである。では子どもたちはどのようなことばを話していたのか、それはこれから明らかにしていきたいと私が考えている研究課題である。

　ここでは近現代沖縄を事例としたが、沖縄に限らず日本各地の小学校での教育を通じて、さらにはラジオやテレビの音声を通じて、全国に通用することばとしての国語が作られていく。それと同時に方言は地域の、それも親しい間柄のことばへと限定されていく。そのような近現代史を経て、私たちの現在の言語状態がある。

　今、世界ではグローバル化のもと、英語をはじめとした通用範囲の広い言語がますます学ばれている一方で、多くの民族語や地域語は消滅の危機に瀕している。日本においては、与那国語・八重山語・宮古語・沖縄語・国頭語・奄美語に区分される沖縄や鹿児島県に属する奄美諸島のことばや、八丈島の八丈語、アイヌ民族のアイヌ語は、ユネスコによって消滅危機言語と認定された（2009〔平成21〕年）。それと同時に、ハワイ語やニュージーランドのマオリ語などのように復興しつつあることばもある。これからの日本社会においてどのような言語状態を作っていこうとするかは、今を生きる私たちにかかっている。それは、教育・学校をめぐる現代的な課題の一つでもある。

　（付記）①「国語」「共通語」「方言」「方言札」については、煩雑を避けるため、最初にのみカッコを付け、二度目からはカッコを略した。②カタカナで書かれた史料を引用するにあたり、読みやすさの観点から、ひらがなに改めるとともに句読点を施した。

▶ 若者と青年

3 「大人になる」とはどういうことか

辻　智子

キーワード：青年、若者、大人、年齢、成年儀礼

1．選挙は何歳から？

　日本では2015年に公職選挙法が改正され（翌年施行）、選挙権年齢が満20歳以上から満18歳以上へと引き下げられた。これは満18歳以上を投票権年齢とした「国民投票法」（日本国憲法の改正手続に関する法律、2007年成立）を直接の契機とするが、選挙権年齢引き下げの議論や要求・請願運動は1970年代にさかのぼる（同時期に欧米諸国は引き下げを決定）。満20歳以上（男女の日本国民）が選挙権年齢となったのは戦後（1945年）であり、それ以前は満25歳以上の男子のみであった。注目したいのは、誰が選挙権を有するのかは自明ではなく年齢・性別・国籍などによって、その範囲が可変的だという点である。それは、時代状況や社会環境を背景としつつ、複数の主張や意図がぶつかりあい相互に交渉しあいながら、その時点で暫定的に定まった一つの地点であると考えられている。

　地域で特定の論点について行われる住民投票では、それがより柔軟に見てとれる。自治体合併の賛否を問うた東京都の旧・田無市と旧・保谷市（現、西東京市）では満18歳以上による市民意向調査（事実上の住民投票）を実施し（2000年）、長野県下伊那郡平谷村では同様の争点で中学生も投票を行った（2003年、同村の人口は2018年9月時点で414人である）。永住外国人を含む満18歳以上を投票資格者とする住民投票条例を2002年に制定した愛知県高浜市では、2016年、実際に公共施設の存廃を問う投票を実施した。

　このように選挙権に着目しただけでも、その権利を行使するのは誰か、何歳からかといった設定は人為的になされることがわかる。その設定の仕方には、私たちの社会が主権者（あるいは大人や子ども）をどのようにとらえているかが現れている。

2．いつから大人？

　実は、**年齢**自体もまた所与の前提ではない。この世に生まれたばかりの赤

ちゃんは何歳だろうか。今では0歳とされるが、この世に出てくる前から数えて出生時は1歳とされたこともあった。年越しで皆が一斉に一つずつ年を取っていくと考える数え年では、年末に生まれた赤ん坊は生後1カ月には2歳になった。このように、年齢は、連続体として存在する生物（ここでは人間）を区切る方法（見方）の一つであるとも言える。例えば、成人式は、満年齢でも、数え年でもなく、小・中学校の同学年（4月2日〜翌年4月1日生まれ）ごとに自治体が実施するのが一般的であり、現代の日本社会には学年度という年齢の区切り方が広く普及していることがわかる。

ところで、どこでもあたりまえに行われている成人式だが法律で定められたものではない。ルーツは、1946年11月、埼玉県蕨町（現、蕨市）の青年団が青年祭の一環として行った成年式とされている。当時の団員・関森作さんの証言では、「敗戦でみなが虚脱状態にいる中で、これからの日本を背負う人間、若者を勇気づけ」たいと実施した、20歳を対象としたのは「徴兵制の関係で二十歳以上は戦場に赴いていったので、それより若い者を」とのことだった（日本青年団協議会『日本青年団新聞』2001年2月1日）。戦場で兵士となっていない者に新たな時代を託したいとの思いがあったことがわかる。満20歳という成人式の年齢の由来は徴兵令（1873年、太政官布告）にあったのである。

しかし、満20歳という人の年齢の区切り方は、必ずしも当時の暮らしに根ざしていたとは言えず、人びとにとっては不自然なものだったのではないだろうか。民俗学や歴史学の知見を参照すると、男は数え年15歳、女は最初の月経が始まった時点をもって、大人と見なされることが多かったからである。そこでは、「大人」の前と後の区別が明確であり、その境界を越える儀式（**成年儀礼**）が執り行われていた。男の場合、烏帽子祝い、褌祝いなどと呼ばれ、山に登る、巨岩の割れ目をくぐる、大きな石（力石）を持ち上げるといった**修練**をともなうものもあった。女では、赤飯を炊いて祝い膳を用意したり、鉄漿を行ったりして、大人になったことが周囲に公表された。こうした儀式は本人や身内だけでなく集落など周囲の人びとも参加して行なわれた。一人の人間が「大人になる」ということは、その土地で暮らす人びとにとっても大きな意味を持っていたからである。

他方、現在の「国民の祝日に関する法律」（1948年制定）は「成人の日」

を次のように定める。「おとなになったことを自覚し、みずから生き抜こうとする青年を祝いはげます」。成年儀礼に込められていたような日常の暮らしの場の息づかいは見られず、意識や内面への言及に終始している。かつてとの懸隔を「若者」「青年」という言葉に注意して次に見てみよう。

3.「若者(ワカモノ)」と「青年」

日本語で若い人びとの呼称は様々にある。かつて成年儀礼を経た後の若い大人(男)たちは、「若けぇもん」「若衆」「わげしゅ」「二才」「若連中」などと呼ばれていた(「若者(ワカモノ)」と総称)。これに対して「青年」は、1880年代半ば(明治中盤)に広く普及するようになったが(類似語に学生、書生、少年などがあった)、それは若者(ワカモノ)との差異を意識して使用された。青年は、旧態依然たる旧い世界を新しくつくりかえてゆく存在として期待された者であり、また自らその期待を引き取って青年と名乗る者であった。そこに込められた革新の意は、言ってみれば、若者(ワカモノ)的な世界への対抗であり批判でもあった。

若者(ワカモノ)は、成年儀礼を経て大人になると、村の若者集団(いわゆる若者組)に加入し、そこでの「しつけ」によって「一人前」になるとされた。年長者から慣習や掟の口伝(言い伝え、暗誦)を仕込まれたり、道普請や寺社屋根の葺替などの地域奉仕的な労働、消防・自警などの相互扶助活動、儀礼・祭りなどの祭祀を共同で行うことを通して、その村で一人前の大人に求められる「型」を習得していった。他方、青年は、読書、学問、弁論、討論、ものを書くことや、結社をつくり同人誌や雑誌の発行を行うことなどを通して、自己や世界を探求し、自らを成長させることを展望した。

あえて青年と若者(ワカモノ)を対立的・対比的に記したが、実態としては、若者(ワカモノ)的世界と青年的世界は相互乗り入れしながら推移したと考えられる。サボタージュなどで村の秩序を攪乱させ年長者に抵抗する若者組もあれば、青年会と名乗りながら従前の若者組とほぼ同様の活動をするものもあった。さらに時代が下ると(遅くとも1950年代には)、若者と青年は、言葉としてはほぼ同義で用いられている(「青年労働者」「働く若者」など)。

4．青年たちの試行錯誤

　若者であれ青年であれ、社会の変化とともに型の習得というより自己と世界を探求しながら大人になってゆくことが要請されるようになっていったことは、自由を手にする余地が増えるとともに、その必然として、様々な試行錯誤が展開され、時に道に迷うことも意味する。「青年」登場のしばらく後に巷間に飛び交った〇〇青年（煩悶青年、文学青年、耽溺青年、赤色青年、白色青年などの自称他称）はその証左であろう。

　様々な試行錯誤には、家（家族）や村（地域）など周囲の環境や国家体制といった世の中の規範への違和や反発が契機となることが多い。日本では敗戦後から1950年代にかけて、封建的なものを近代化・民主化すべしと若者・青年を中心とする労働運動・社会運動が盛り上がったが、規範による強い拘束が生じる局面では、青年自身が大きな葛藤を抱えることとなった。

　例えば、農村から紡績工場へ働きに出た女性たちは、女はおとなしく親や夫や会社に従うべき、時期が来たら嫁に行くものだ、という規範と、女も一人の人間として自分の人生を歩みたい、祖母や母のような「あきらめの人生」を送りたくない、という希望の狭間で立ちすくんだ。さらには、一人の労働者、一人の大人としてあることと、同時に、女らしいふるまいや役割を期待されることとの相容れなさ（ダブルスタンダード）のなかで立ち往生することもあった。引き裂かれた状況、両義的な状態を引き受けることが近代という時代に生きる人間の必然であるなら、その入口に立つ青年の試行錯誤は危うさをはらむ。同時に、そこから発せられる声や新たな模索は、規範への問いとしての可能性も含み持つ。

　現在、規範は必ずしも明示的でなく、試行錯誤の過程を誰かと部分的に共有することすらも容易ではない。「青年」よりも「若者」の使用頻度が増えているのは（青年を冠した法律「青年学級振興法」は1999年に廃止、2000年代以降の国の政策の多くは「青年」ではなく「若者」を使用）、何を意味するのだろうか。ともかくも、人が大人になってゆく道程を、小学校→中学校→高校→大学→就職といった学校の階段を昇ってゆくイメージで収束させず、親子や家族関係に過剰に期待せず、柔軟にとらえる視点によって拓ける地平を探求してゆきたい。

> 異文化比較

4 中世ドイツの「後朝の歌」を日本文化の目でとらえなおす

寺田 龍男

> キーワード：後朝の歌、dawn songs、比較

1.「後朝の歌」とは

　「後朝」と書いて「きぬぎぬ」と読むことは、高校の古文の授業で習った人も多いにちがいない。かつて宮廷社会では、男女が夜を共に過ごしたあとで相手を想う歌を詠み交わす習慣があった。三夜続けての共寝と歌の交換が婚姻の成立を意味したともいわれ、**後朝の歌**は『古今和歌集』などの歌集に数多く収められている。その「きぬぎぬ」は元来「衣衣」と書いていた。当時は就寝用の掛け布団がなく、着衣をそのままかぶって寝る習慣だった。共寝する男女は互いの衣を重ね合ったことから、「衣衣」が用いられたのである。しかしまもなく、事後の朝を意味する二字にとって替わられる。その方が現実的であり、また人々も風雅を感じたのだろう。ただ、男女が想いを深めれば婚姻にも至ったが、そうでなければ縁がなかったとみなされた。

　ところでこの後朝の歌は、けっして日本文化に固有の現象なのではない。それどころか世界中の多くの文化圏に広く見られ、形態もさまざまであることが確認されている。英語では総称して dawn songs（夜明けの歌）といい、今後**比較**による研究の進展が期待される分野である。比較が重要なのは、その作業を通して、ある事象がその背景文化に固有のものか、あるいは複数の異なる文化圏で共通するものなのかを確認できるからである。文化を研究する場合に限らず、比較は不可欠な手順といってよい。

　中世日本の後朝の歌を同時代のヨーロッパ、少なくともドイツ語圏のそれと比べると、大きな違いが目につく。ドイツの歌は、すべて虚構とみなされるのである。登場する男女はすべて匿名であり、実在の人物と比定されることはまったくない。どの歌も、ほぼ男性ばかりの宮廷詩人によるフィクションととらえるのが常識である。それはなぜか。詠み人知らずの作品もあるものの、個々の歌がそれらの詩人の名を冠して伝承されているからである。さらに、実際に男女の関係が発覚した場合、とりわけ当事者の一方ないし双方

が既婚であれば、ともに残酷な刑罰を受けたことが明らかにされている。つまり、身分ある男女が実際にこのようなことをするにはあまりにリスクが大きすぎる。したがって仮に関係が生じても、後朝の歌を交わしそれが後世に残ることは考えられない、という理解である。

　一方日本の貴族社会では、歌の作者は宮廷詩人などではなく、当事者である。たしかに、誰かに仮託した可能性は排除できず、また詠み人知らずの歌もある。しかし多くの歌が男女それぞれの名前入りで残されている。ユネスコの「世界の記憶」に認定された藤原道長の『御堂関白記』が代表するように、宮廷社会では数多くの日記が書かれており、それらから当時の人間関係を広く読みとることが可能である。日本社会の後朝の歌が実際の習慣に根差すのに対し、現在の通説に従えば、ヨーロッパの場合はまったくの虚構ということになる。だがそのように峻別してよいのだろうか。「後朝」が現実生活からまったくかけ離れていたなら、12世紀以降のヨーロッパ叙情詩でもっとも好まれるテーマであり続けた理由の説明がつかない、と筆者は考える。

2. 前近代の社会における男女関係のあり方

　前近代の日本社会における男女関係のあり方や人々の考え方、習慣をもう少し見てみよう。16世紀後半の日本に滞在したポルトガル人宣教師のルイス・フロイスは、その著書『ヨーロッパ文化と日本文化』の中で日本の女性についてこう記す。

> 　ヨーロッパでは未婚女性の最高の栄誉と貴さは、貞操であり、またその純潔が犯されない貞潔さである。日本の女性は処女の純潔を少しも重んじない。それを欠いても、名誉も失わなければ、結婚もできる。(フロイス 1991: 39)

> 　ヨーロッパでは、妻を離別することは、罪悪である上に、最大の不名誉である。日本では意のままに幾人でも離別する。妻はそのことによって、名誉も失わないし、また結婚もできる。(同: 49)

　1946年に発見されたこの記録が初めて日本語に翻訳された時 (1965年)、歴史学者ですら、これらの記述を西洋人の偏見によるでたらめと受けとめる

人がいた。しかしその後の検証の結果、ここを含む多くの記述が正確なものであることが判明している。自分の「常識」という先入観でものを見ると、資料の解釈を誤る危険が大きいことを教えてくれる好例といえよう。

　フロイスが描写した女性たちが社会のどの階層に属するかは明らかでない。すべてかもしれないが、一部かもしれない。先に見た、後朝の歌を交わした人々はみな社会の上層に位置していた。彼女らの貞操観念は近現代、とりわけ明治末から昭和初期にかけての通念とは明らかに異なっている。だが農村・山村・漁村など一般庶民の場合でも、ごく数十年前までは多くの地域に若者組や娘組があり、男女関係がおおらかに結ばれていたことが知られている（宮本常一、赤松啓介を参照）。だがその「おおらかさ」とは裏腹の面もあったことを、すでにフロイスが記述している。

　　ヨーロッパでは嬰児が生まれてから殺されるということは滅多に、というよりほとんど全くない。日本の女性は、育てていくことができないと思うと、みんな喉の上に足をのせて殺してしまう。（同: 51）

　フロイスは明らかに日本の習慣を批判している。だがヨーロッパの女性や日本の嬰児殺しに関する彼の記述を文字通り受けとめてよいかどうかは、なお研究の余地がある（The secrets of a diary written on castle floorboards 参照）。性は、睡眠・食とならんで人間の根本的な欲求のひとつである。それだけに関心を引きやすいが、扱いづらいテーマでもある。研究者の心にタブーの意識が引っかかっていると、自己検閲をしてしまう。また時代の変化とともに性にまつわる倫理観はどの社会でも変わる。しかも前近代であれば、庶民の日常生活に関する史料は著しく限定されている。しかしだからこそ、比較による考察がさらなるヒントをもたらすのである。

3. 後朝の歌から dawn songs へ

　ふたたび後朝の歌にもどろう。異なる文化を比較する時陥りやすいのが「これとこれが似ている、だから比べる」という安易なパターンである。そのような方法だと、「あれとあれが違うではないか」という反論に応えることができない。それを承知であえて現段階の推測をひとつ述べたい。

中世ドイツの dawn songs に登場するのは常に騎士と貴婦人であり、男性の歌人が両方の役割を演じる。したがって事実の再現ではありえない。今日なら歌謡ショーで歌うようなものだったろう。しかし現実世界との接点はあった。前近代の文書では、臣下など他人の妻女に関係を迫った主君を非難する文言が頻出する。男性は自分より身分の低い女性に対して強く出られたのに対し、女性はその家族も含めて受け身であり、主体的な決定（拒否）がしづらい存在だった。このように考えると、男性中心の封建的身分制社会で、dawn songs が命脈を保ち続けた理由の一端を説明できるのではないだろうか。

　前近代社会から現代までの資料を読み解くことは容易ではない。また日常生活で「あたりまえ」のことはわざわざ史料に書いたりしないので、実証できる点と次の点を結ぶ線を引く作業はしばしば困難をともなう。まして複数の言語が対象ならなおさらである。しかし地道に、そして丹念に重ねられた作業により、それまでの常識がくつがえされることは十分ありうる。それこそが、研究の醍醐味なのである。

■主な引用・参考文献
赤松啓介（2006）『非常民の民俗文化』（ちくま学芸文庫）筑摩書房
フロイス，ルイス（1991）『ヨーロッパ文化と日本文化』（岩波文庫）岡田章雄訳、岩波書店
宮本常一（1984）『忘れられた日本人』（岩波文庫）岩波書店
The secrets of a diary written on castle floorboards（https://www.bbc.com/news/stories-44265475）2019年3月29日閲覧

5 幸福を求めて民が生きた古の世

保延 光一

キーワード：漂泊民、定住民、傀儡子、河原者、塙保己一

つい50年程前まで、家を持たず漂泊の生活をしていた人々がこの日本には数多くいた。ホームレスではない。ネットカフェ難民でもない。家族がいたので孤独ではない。漂泊の生活には物を持つことは邪魔なだけである。したがって、物欲はない。だからお金も必要ない。不本意にそのような生活をしていたわけではない。それは彼らの生活スタイルだっただけである。現代人の価値観から見ると彼らは不幸に見えるだろう。しかし、彼らは本当に不幸だったのだろうか？　無為に不幸に貶められただけなのではないだろうか？　彼らの視点から見ると現代人こそ金稼ぎに追い立てられ、金と物におぼれ、心の潤いを失った哀れな人間に見えないか？

かつての日本は貧しくとも芸と技術と精神文化の豊かさで立派に皆が幸福に生きていける社会を築いていた。社会保障制度などなくともである。どんな社会だったのだろうか。

1．山の漂泊民

山に住む漂泊民は「山人（やまびと）」と呼ばれ、柳田国男に依れば平地の定住民との生存競争に破れ山住まいを余儀なくされた人とされている。しかしこれを「山人（やまと）」と読み、大和の起源とする説もある。つまり、元々日本列島の山岳地帯に住んでいた人が稲作農耕の技術を手にして平地に定住するようになり、力を持ったとする説である。山の漂泊民の中に木地師（木地屋）と呼ばれる人々がいた。木地師とは轆轤を使って椀や盆などの木器を製作することを生業とした人々である。木地師の制作した木器には玩具もあり、こけしがこれに当たる。こけしは木製の人型であるが、元来人の身代わりとして呪術に用いられた。魂を吹き込んで命を与えるという考えが転化し、後に人形芝居の原型となった。これが傀儡子である。木地師の制作物は実用のみならず呪術、祈禱の道具としても用いられた。そして、呪術、祈禱の所作が散楽、申楽として芸能化した。皿回しや盆舞のような曲芸、物ま

ねや猿回しのような滑稽芸、腹話術、人形劇を含めた雑芸を行う芸能集団が各地に出現した。これらは中世に至って現れた新たな漂泊民の形態（芸能漂泊民）である。木偶(でく)と言われる木製の人型を用いた人形芝居はこれら雑芸を行う芸能集団の一つとして人形劇団の発生に繋がり、江戸時代には人形浄瑠璃から文楽へと発展した。また、雑芸から歌舞伎踊りの発生が促され、様々な歌舞芸能に今日まで繋がっている。それらは寺社の勧進興行や商売のための客寄せ（「香具師(やし)」）の他、門付け芸としても行われていき、旅芸人を数々生んだ。

2．河原者

　日本列島の住民は、この温暖で降水量も多く肥沃な土地で自然の中から生活の糧を得て暮らして来た。つまり、狩猟採集あるいは漁労が生業であった。そこに稲作農耕が始まった。狩猟採集では生活圏に糧がなくなると糧を求めて移動していく必要がある。つまり、一箇所に長らく定住することは不可能で、漂泊の生活となる。漂泊生活では物を持つことは却って不便なので、物質的財産とは無縁であった。しかし、稲作農耕によって食料の大量生産ができるようになると定住することが可能となり、家を建て、物を持ち、財産を持つことが出来る。漂泊の生活よりははるかに豊かな生活が出来るようになった。そして、土地や家や農地は代々引き継がれ、長年月に渡って改良が加えられるようになった。技術や文化が熟成する基盤が出来たことになる。人口も増え、稲作農耕を生業とする民は一大勢力となった。その集団の中心にいたのが天皇であった。すなわち、稲作農耕民とは天皇に服属した人々とも言える。したがって、天皇に服属し、天皇を中心とする日本国の公民が稲作農耕民であった。しかし、天皇に服属することを拒否した集団もあった。彼らは日本国公民ではない者（化外(けがい)の民）であり、狩猟採集や焼き畑などの原始的な農業を生業として生きる集団であった。彼らは公民ではなかったが天皇は庇護下においた。そのことで彼らは安心して生きることが出来た。公民は温暖な平地に定住し、土地を改良して稲作を行った。寒冷地や山岳地帯のような稲作に不向きな土地は改良の手が加えられず、天然のまま残され、漂泊民が糧を得て生活する場となった。河川敷や海岸も、水害に見舞われる場所なので農地や家は作られず、天然のまま残された。河川敷は「**河原者**」

と呼ばれる漂泊民の生活の場となり、海岸は漁民の生活の場となった。「河原者」と言われる所以は、主に河原を生活圏として生きて来た人々であるからである。河原は定住民にとっては生活圏の外側であり、異界である。したがって、あの世に通じる場であると考えられており、葬儀や死者の御霊(みたま)を供養する儀式を行う場であった。河原者はこれら定住者の殯(もがり)の儀式を司る役割を担った宗教者の側面を持っていたと考えられる。河原者は元来狩猟採集民であったので、山林で動物を捕獲し、解体し、食す生活習慣を持っていた。このことは仏教的風俗が浸透した定住民とは異なり、食肉や皮革を生活の糧とする技術を有することとなった。動物を解体したり皮を鞣(なめ)したりした場所は河原であった。河原は川の水が得られ、血を洗い落とす場所として適していた。そもそも流れる水は禊(みそ)ぎとして使われた。これはただ単に汚れを落とすという意味に留まらず命あるものを殺した罪を洗うという意味を持っていた。動物を食すことを生業としていた河原者は罪の意識に苛まれることが多かったであろう。そこから解放される方策としての弔いのノウハウを持っていたことは十分考えられる。

3．社会発展の主役は定住民か？　漂泊民か？

　漂泊民、特に芸能漂泊民はマスメディアのなかった時代に広域な人々に津々浦々の出来事を物語として伝え、言語や習慣、通念などに一定の一体感をもたらした。日本列島には古代数多な血筋の民の流入があったが、天皇の庇護下において各々の生活圏、生活習慣を異にしながら一定の文化的基層を作り上げることに成功した。

　このようにして見ると、定住民は稲作を中心として貨幣経済を発展させる役割を担い、漂泊民は芸能や工業技術、芸術、娯楽などの他、マスメディアの役割を担うなど精神文化を発展させたと言える。今日では漂泊民はほとんど姿を消したが、彼らが長年に渡り築いて来た文化や技術は今日の日本の発展した社会の基層を構成していることは疑いようも無い。そしてそれは定住民、漂泊民のように出自を異にし、価値観を異にした人々が協力し合って成し遂げて来たことである。その連帯の精神の核に天皇がいた。化外の民であっても社会発展の仕事に参画することが出来た。社会保障制度が無くとも民衆の連帯の力で人間らしく生きることが出来た。遙か古(いにしえ)より日本はその

ような社会であった。

4. 塙保己一
　　　はなわ ほ きいち

　そのような日本社会の象徴のような人物が江戸時代の盲目の国学者、塙保己一である。保己一自身がというのではなく、保己一を取り巻く環境がそうであった。幼い頃盲目となり、また母とも死に別れ孤児となった保己一が学問を修め、日本全国の散逸した貴重な古典の書物を兎集し、修理・復元して保存した。「群書類従」530巻666冊、「続群書類従」1000巻、1185冊がそれである。「枕草子」「方丈記」「伊勢物語」「竹取物語」や「常陸国風土記」「豊後国風土記」などの古典名作が現代に読めるのも保己一のおかげであり、古代からの歴史も詳細に参照することが出来るのもこの「群書類従」「続群書類従」あってのことである。また、「令義解」は古代に女医がいたことを証明し、明治時代、初の国許女性医師荻野吟子を誕生させたことは有名な話である。保己一の業績は東京大学史料編纂所に引き継がれ、現在も古書の兎集、保存の仕事が続けられている。保己一に学問の才があることを見抜き、学ばせることを許した雨富検校や保己一の妻、娘のみならず数多の人々が保己一の元に集まり、作業を手伝い、幕府も動かして学問所「和学講談所」も開設された。ここには数々の向学心のある者が集まり、その中には平田篤胤もいた。また、幕府は身分制度の一環として当道座という男性の盲人の自治組織を認め（女性は瞽女座）、盲人が自活していく道を保障していた。明治時代になってこれらは消滅するが、1878（明治11）年に京都盲啞院が設立され、盲者、聾者が学校で学び、自立して生きていける道が整備された。これも保己一の活躍があってのことである。

■主な引用・参考文献
　喜田貞吉（2008）『賤民とは何か』河出書房新社
　堺正一（2009）『素顔の塙保己一——盲目の学者を支えた女性たち』埼玉新聞社
　柳田国男（2017）『賤民にされた人びと——非常民の民俗学』河出書房新社

> 認識枠組

6 世界の見え方を決めるもの──認識枠組と文化装置

土田 映子

> キーワード：認識枠組、文化装置

はじめに

わたしたちは日々の生活の中で、さまざまな物事を見聞きし、多様な人々と出会い、絶え間なく流れてくる雑多な情報に接している。自然現象の体験、学校や職場といった社会関係の中での出来事、活字メディアおよびインターネットやテレビなどを通して伝えられる情報群。これらあらゆるものに対して、わたしたちは五感を働かせ、ほとんど無意識のうちに認識し、理解し、評価を下すという作業を日常的に行っている。

こうして得られたわたしたちを取り巻く世界の認識や理解の蓄積は、自分の思考や意見を形成したり行動を決めたりする際の指針となる。個人のレベルであればそれは進路や生活スタイルの選択に関わり、集団のレベルであれば地域や国の政策決定にまでつながっていく。言い換えれば、わたしたちが自分の生きる世界をどのように捉えるかは、個人という小さな単位でも、また国家や国民といった大きな単位でも、わたしたちが現在をどう生き、未来のために何を選択するのかを決定づける重要な根拠となっている。

では、世界の認識・理解・評価という一連のプロセスは、どのように進むのだろうか。多くの場合、わたしたちは自分が先入観なく「自然に」物事を見て判断していると自認しがちである。しかし、実際には、わたしたちは所属する文化や社会の規範に沿った枠組を世界に当てはめて自分の解釈を導き出している。その枠組は客観的でも普遍的でもない可能性が大いにあると意識することが、何かを研究するという道の第一歩となる。

1. 日本文化の中の「四季」概念

ある文化に特定の認識枠組が存在することは、その文化や社会に属さない人々からの指摘があって初めて気づかれることが少なくない。一つの例を挙げてみよう。英語圏から日本に来て暮らしている人たちの間で流通している「日本に長く居過ぎたと思う時」（"You know you've been in Japan too long when……")という一連のジョークがある。時代に合わせて題材を変化させながら受け継がれ、現在はインターネット上で読むことができる。来日当初は奇妙に感じたり不思議だったりしたことについてやがて何とも思わなくなり、かつては異文化そのものだった生活習慣もすっかり身について、お辞儀をしながら握手をし、満員の通勤列車に飛び乗り、駅のホームでゴルフのスイングの練習をするに至り（古いですね）、「ああ、俺も日本に長くなった……」と思う、といった内容だ。大半はこのように理解しやすいものだが、1990年代後半に流通したジョークのリストには、「日本には実際に四つしか季節がないと思うようになる」("when you think Japan actually has only four seasons")という一本が含まれている。これがなぜジョークになるのだろうか？

調べてみると、外国から来た人々は、日本には春夏秋冬に加えて梅雨があるので、季節の数は四つではなく五つだと感じることが多いようだ。しかし、日本人は日本を「四季の変化が豊かな国」であると語り、その上、四季の変化が日本にしかないもののように論じる傾向が強いという指摘がされている。

「四季」という枠組で認識される季節感は、日本国内のどこに住んでいるかを問わず、商業イベントや各種メディアを通じたイメージの流布によって絶えず強化されている。北海道の子どもたちも四月には桜の絵を描き、夏休みにはぎらぎらした太陽と海水浴を描く。五月まで桜は咲かず、夏も寒くて海に入れないことが多いという現実は、そこには反映されない。外国人が、日本には五つではなく本当に四つしか季節がないと思うようになったということは、それだけ日本人の日本観を吸収し、自分の価値観と同化させたことを示すのである。

日系アメリカ人の日本文学・文化研究者、ハルオ・シラネ（コロンビア大学教授）は、著書『日本と四季の文化』（*Japan and the Culture of the Four Seasons: Nature, Literature, and the Arts*, 2012; 邦訳なし）で、文学や絵画などの日本の文化表象における季節表現を「二次的自然」（secondary nature）と名付け、四季とは現実世界を反映するだけでなく文化的に構築された概念であると指摘している。これは芸術の領域のみにとどまる現象ではなく、前述のジョークが示すように、わたしたちは実際の自然とはズレのある枠組に季節の変化を当てはめている。この半ば虚構化された季節イメージの流布

は、現在はそれを利用して利益を上げている商業主義が積極的に担っているといえるだろう。しかし、より継続的また効果的に日本の隅々まで特定の四季イメージを普及させているのは、学校教育だろう。両者の働きが相まって、「四季のある（ユニークな）国＝日本」という強固な文化的枠組が日本人の日本観を支配するようになったと考えられる。

2．文化装置と認識枠組

　何かある主題について語る時、そのための言葉や視点が社会規範によって無意識に決定されているということは、わたしたちの社会関係において二つの側面を持っている。第一には、それは共同体——国、地域、民族集団、職業集団、学校、血縁関係に至るまでの大小の人の集まり——に所属する人々が同じ集団内で共有する文化の根幹を形成し、その集団内での意思疎通を容易にし、結果的に集団としての一体性と連帯感を維持するように機能するという側面である。

　近代化以後の日本において、国民に対し、上記の機能を持つ認識枠組を提示し普及する役割の一端を担ってきたのが公教育機関や各種の社会教育機関である。また祝日・祝祭、オリンピックや万国博覧会に代表される大規模なメディアイベントなども、同様に特定の価値観や視点を人々に提示し、広範囲に共有させることに成功してきた。こうした役割を持つものを、社会科学の言葉で「**文化装置**」(cultural apparatus) と呼ぶ。

　さまざまな文化装置の連動によって形成され共有された認識枠組は、わたしたちが周囲の世界を解釈し、それを同じ社会に暮らす他の人々と共有することを容易にする。しかしその反面、認識枠組はわたしたちの視点を限定するように働くというもう一つの側面を持つ。規範的な認識枠組の存在を意識せずにそれに依拠することは、その枠組を絶対視することにつながる。特定の認識枠組の正当性を疑わないことは、異なる視点を許容しないだけでなく、別の視点から見れば存在に気づくはずの問題を埋もれさせたままにする危険をもはらんでいるのである。

3．新しい気づきのために

　個人的な体験を一つ挙げてこの小論を終わることにしたい。1980年代終

わりから90年代初めに学部生として教育学を学んでいた頃、日本で教育問題が語られる際の主なキーワードは「校内暴力・いじめ」「受験戦争」で、後者が前者の要因であると一般に論じられていた。マスメディアで支配的だったこのような議論とは別に、教育を論じる多くの言葉に大学では触れていたはずだが、自分の中の問題意識を語るための何かが欠けているという感覚が拭えなかった。足りなかったパズルのピースがはまったと感じられたのは、米国に留学し、社会階層という切り口で教育を見ることを学んだ時だった。そんなことかと不思議に思われるかも知れないが、日本で「格差社会」という言葉が流行したのは、それからさらに十年も後のことだ。現在の日本では、家庭の経済力や親の職業と子どもの教育機会を結びつけて論じることはもはや普通のこととなっているが、それがごく限られた範囲の人々の議論だった時代もそれほど遠くはないことに留意する必要がある。

　日本の外から得られる視点は認識枠組を広げるきっかけの一つになり得るが、それだけがわたしたちの世界の見方を変えるものではない。重要な契機は、多様な立場や世代の人々との対話、読書、さらにはわたしたちが何かを解釈しようとする際の根拠に深く降りていくことによっても得られるだろう。繰り返すが、認識枠組は排除すべきものではなく、それがあってこそ共同体の成員相互のコミュニケーションや文化の共有が成り立つ重要なものである。けれども、上の例で見たように認識枠組は変化するものであり、絶対ということはない。そのことを知った上で、課題の場をより的確に捉える枠組を探し続けること、それが研究という営みの困難な点でもあり、新しい領域に漕ぎ出でる喜びを与えてくれる点でもあるといえるだろう。

社会的不平等

7 教育と社会的不平等の関連を解明する
——新しい論点と課題

小内　透

> キーワード：*社会的不平等、階級・階層、ジェンダー、エスニシティ、地域格差*

1．多様な社会的不平等と教育

　現代社会には**階級・階層**、性（**ジェンダー**）、民族（**エスニシティ**）、地域など、多様な側面で**社会的不平等**が存在している。しかし、教育は人々が出身階層、性別や出身地をはじめとする社会的な立場の違いを乗り越える可能性を提供する。憲法の「すべて国民は、法律の定めるところにより、その能力に応じて、ひとしく教育を受ける権利を有する」（第26条）という規定に、その理念が反映されている。ただし、憲法の規定を遵守するだけでは、教育を通じて社会的不平等を乗り越えることは困難である。社会的不平等は人々の教育に様々な制約要因として負の影響を与えがちだからである。

　本稿では、多様な社会的不平等が教育にどのような影響を与えているのか、逆に、社会的不平等にとって教育がどのような機能を果たしているのか、この両面を明らかにするうえで必要となる新しい論点や課題を、階級・階層、ジェンダー、エスニシティ、**地域格差**の側面に焦点を当て、明らかにする。

2．階級・階層的不平等と教育

　最初に取り上げるのは、「階級・階層的不平等と教育」の問題である。現代社会においては、教育が階級・階層的不平等を形成・再編する重要な要因になる一方で、逆に教育に対して階級・階層的不平等が大きな規定要因になる。教育の成果として示される学歴が、人々の初職を相対的に強く決定する力をもっているからであり、学歴を獲得するにあたって出身階層が大きな規定要因になるからである。

　第二次世界大戦直後、日本には数多くの貧困家庭・児童が見られたが、高度経済成長にともなって、貧困問題は次第に忘れられていった。その一方で、中間層が拡大し、1970年代には「一億総中流」意識が生まれるまでになった。この過程で、国民の学歴水準は上昇した。しかし、経済成長の鈍化にともな

い、2000年前後から「格差」論や「貧困」論が登場するようになった。それらの議論には、所得や資産などの経済格差の側面から教育機会の平等の問題を論じるという特徴があった。だが、「階級・階層的不平等と教育」の関連は、経済面だけでなく、家庭や学校の文化的側面、社会関係的側面や教育的側面など、多角的に検討しなければ明確にできないことを理解しておくべきである。

3. ジェンダーと教育

　二つ目は「ジェンダーと教育」の問題である。ジェンダーによる不平等は社会や家庭の中では見えやすい形で存在している。しかし、学校の中では、見えにくい。なぜならば、学校では学業成績によって評価される業績主義が基本的な価値観となっているからである。学業成績が良ければ、性の違いに関係なく、評価される。

　しかし、学校は「隠れたカリキュラム」を通して、様々なジェンダー・バイアスを生み出す場にもなっている。実際、性別名簿、男性優位の社会を反映した教科書、固定的な男女の役割分担を前提とした教科書の挿絵、男性優位の教師間ヒエラルヒー等、学校教育の中にあるジェンダー・バイアスが数多く指摘されてきた。だが、これまでの研究では、女性に対するジェンダー・バイアスをとりあげる場合が多く、男性を対象にしたジェンダー研究は、教育の研究に限らず少ないのが現状である。また、近年では、LGBT（多様な性指向・性自認）といわれる多様なジェンダー・セクシュアリティが議論され、学校でもこれらの状況に対応する必要が生じている。そのため、教育と多様な性・ジェンダーの関連を明らかにする研究が求められている。

4. エスニシティと教育

　三つ目は、「エスニシティと教育」の問題である。従来、日本では、エスニシティにもとづく社会的不平等は、「単一民族神話」によって覆い隠されていた。実際には、第二次世界大戦以前からアイヌ民族、琉球民族が存在し、植民地には民族性の異なる朝鮮や台湾の人々がいた。ただし、明治維新から始まる近代日本においては、植民地を含めて、民族の多様性を無視した同化主義にもとづく国民の教化、すなわち皇民を生み出すための教育が行われ

た。第二次世界大戦後、皇民化教育は否定され、植民地が失われたことにより、旧植民地出身者は日本国籍を喪失した。旧植民地出身者は国民ではなくなったため、義務教育の対象から外され、アイヌ民族や琉球民族は国民として包摂されたにもかかわらず、マイノリティとして差別され続けた。

現在では、従来から存在していた少数民族・先住民族の異議申し立てと、外国人労働者の激増によって「単一民族神話」の幻想が崩れてきている。にもかかわらず、国民を対象にした義務教育制度は維持されたままであり、多様な民族を念頭においた教育の視点は議論の対象になっていない。この点は今後の課題として残されている。

5．地域格差と教育

四つ目は、「地域格差と教育」の関わりの問題である。現代日本では、経済のグローバリゼーションのもとで、経済面や社会生活面での地域格差が深刻化している。戦後日本の高度経済成長期に三大都市圏への人口移動が過疎・過密問題を生み出し、さらに東京一極集中が進むようになった。少子高齢化とともに、2010年頃から日本の人口が減少に転じるようになり、地域格差はより深刻なものになっている。

このような現実の中で、生活条件の地域格差が拡大し、どこで生まれ育つかによって、享受できる教育の量や質に大きな違いが生み出されるようになった。人口減少地域・過疎地域では、小中高校を含め、学校そのものの統廃合が進み、学校外の教育サービスを受ける機会も乏しくなっている。高等教育としての大学の大都市中心の立地、首都圏での都心回帰の動きも、若者の人口移動を左右する重要な要因になっている。その結果、一方で、地域格差はさらに拡大し、教育の機会をめぐる地域社会の不平等の問題が表面化し、他方で、教育を通じた地域社会の不均等発展がさらに進展していくことになる。こうした状況を改善するために、教育がいかなる役割を果たしうるかを考えることも必要になっている。

6．相互の関連

最後に、これらの四つの問題が相互に関連しあっている点にも注意しなければならない。たとえば、階級・階層のあり方により、ジェンダーやエスニ

シティの立場が異なる傾向が見られるし、地域格差の背後に地域産業や地域経済に規定された階級・階層のあり方が横たわっている。このうち、出身階層、性別、民族などは、自分の力では変更することが困難な「属性」としての性質をもつのに対し、到達階層や現住地には自らの力で獲得しうる「業績」としての特徴がある。四つの問題の関連を「属性」と「業績」の絡み合いの視点から検討することが必要である。

　さらに、それぞれに共通した側面に光を当てていくことも必要になる。それは、一方で、「機会の平等」と「結果の平等」、「形式平等」と「実質平等」、「平等」と「公平」「公正」などの概念をめぐる議論、他方で、どのような状態が「正義」と呼べる「平等」であるのかをめぐる議論として深められてきた。にもかかわらず、現実にはグローバルな形で社会的不平等が拡大し続けている。そこでは、「平等」の概念を議論するだけでなく、社会的不平等が拡大したり縮小したりする現実を把握し、社会的不平等と教育の関連のあり方を明らかにする研究が求められているといえる。

> 教育費

8 教育費を負担するのは誰か

鳥山 まどか

> *キーワード：教育費、家計、家計管理*

はじめに——私の研究関心の出発点の話から

　私は現在、貧困の問題、特に子育て世帯が直面する家計管理上の困難に関心をもって研究している。この研究関心は、大学生のころの出会いによるところが大きい。

　私自身がこの教育学部・研究科（現在の学院）で学んできた。学部生の時に調査実習の一環として道内の地方都市を訪れ、ひとり親世帯として子育てをしている女性たちにお話をうかがう機会を得た。多くの女性が思うように貯金ができないことを悩みとしてあげていた。収入が少なく日々の生活費で精いっぱいで、ちょっとしたことで赤字が出てしまう。貯金をしようとしても、赤字のたびに取り崩すためなかなか貯まらない。高校までは何とか目途をつけられるとしても、その先の進学費用は難しいという声が多く聞かれた。当時は公立・私立高校ともに入学金や授業料を支払う必要があった。高校進学の際に奨学金を利用する世帯（子ども）もあり、低所得世帯の方が高校進学のために借入れを行う可能性は高かった。

　本章のタイトルは「教育費を負担するのは誰か」である。これを読んでいるあなたは、この問いに何と答えるだろうか？　本章では、教育費のうち、いわゆる「家計負担」と呼ばれる部分、すなわち家族（保護者や学校に通う子ども本人）が負担する教育費について考えてみたい。

1．家族による教育費支出

　家族が子どもの教育費にいくら支出しているか把握するために、文部科学省が隔年で実施している「子供の学習費調査」を用いる。学校段階（公立・私立の幼稚園、小学校、中学校、高等学校〔全日制〕）別の、子ども1人あたりの年間支出額について、学校に通うためにかかる費用（学校教育費、給食費）と、それ以外の学習塾などの費用（学校外活動費）を区別して把握できる。

　学校に通うためにかかる費用と学習塾などを合わせた「子供の学習費」と

して家族が1年間に支出している金額については、「子供の学習費調査」で確認していただきたい。ここでは、学校に通うためにかかる費用についてみておきたい（図1）。高校で公立・私立ともに2010年度調査で大きく金額が下がっている。これには授業料支出の低下が大きく影響している。とはいえ、授業料負担が

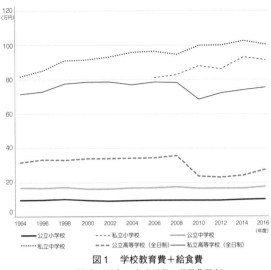

図1　学校教育費＋給食費
（出典：平成28年度子供の学習費調査）

なくなったとしても、公立高校でもなお「学校に通うためにかかる費用」として年間20万円以上を家族が支出している。義務教育段階である小中学校においても、たとえ公立学校であっても学校に通うための費用負担があることも図1から確認できる。

2．子育て家族の家計

　前節で確認した金額が家族にとってどの程度「負担」であるかは、**家計全体の余裕の程度**に左右される。ここでは2016年に本研究院と北海道・札幌市が共同で実施した調査から確認したい。図2は小2・小5・中2・高2の保護者の回答である。

　多くの世帯で毎月の家計が「赤字でも黒字でもなくぎりぎり」である。これらの世帯では、決まった金額を毎月貯金していくことが難しいと考えられる。また、所得が低くなるほど赤字の世帯が多くなり、借金で赤字補てんをしている世帯も多くなる。家計に余裕がないことは、貯金がない、（生活費や借金返済のための）借金がある、クレジットカードや水光熱費などの支払いができないといった、**家計管理**上の困難としてもあらわれる。

　こうした家計状況の中で家族は教育費を負担している。しかし、家計に余裕がない中でも学校に通うためにかかるお金を優先して（他の支払いを滞

納したとしても）支払う傾向にある。他方で家計の余裕のなさは、高校卒業後の進学費用の準備の差（貯金など）としてあらわれる（鳥山 2019）。

冒頭のひとり親世帯の女性たちの家計管理の困難は決して特殊な状況ではなく、現在の子育て家族に広く共通するものと

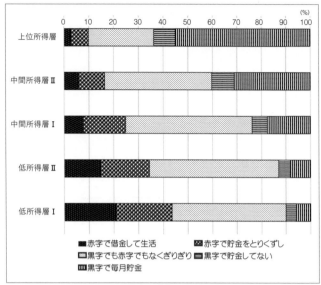

図2　子育て家族の家計の状況

注　世帯の可処分所得の推計値が相対的貧困線（等価可処分所得の中央値の2分の1。H28 国民生活基礎調査データを使用）の1.0倍未満を「低所得層Ⅰ」、〜1.4倍未満を「低所得層Ⅱ」、〜1.8倍未満を「中間所得層Ⅰ」、〜2.5倍未満を「中間所得層Ⅱ」、2.5倍以上を「上位所得層」とした。
（出典：北海道・札幌市子どもの生活実態調査、2016年）

なっている。高校授業料負担が大きく低下した現在にあっても、多くの子育て家族の家計に余裕はない。

おわりに──「教育費を負担するのは誰か」に何と答えるか

このような話を講義ですると、学生から、「大変な思いをして私の教育費を出してくれている親に感謝しなければ」、「自分が子どもをもつときには、しっかり家計管理をして教育費の負担に備えないと」といった反応がある。こうした反応の背景には「子どもの教育費を負担するのは親、それが難しければ子ども本人」という前提が広く私たちに共有され、それに疑問が抱かれにくいということがある。

現在、教育費負担は社会的な関心ごとになりつつあり、大学等の無償化に向け舵がきられた。ただし所得制限があるため、対象外の世帯ではこれまで通りの負担が発生する（だが前節でみた通り、中間所得層まで含んで家計に余力のない家族は広く存在する）。「教育費を負担するのは親または本人」とい

う前提そのものは変わっていないようだが、それを絶対的なものと捉えてしまってよいだろうか。

「教育費を負担するのは誰か」という問いに答えるには、「教育はだれのため・何のためのものか」という問いに向き合う必要がある。もしも教育が、給料の良い仕事に就くためのものでしかないのなら、教育を受ける子ども本人かその家族が費用負担をすることを当然としてしまっても良いのかもしれない。しかしたとえば、日本も批准している「経済的、社会的及び文化的権利に関する国際規約」第13条2に、締約国が中等、高等教育について無償教育を漸進的に導入すること等が述べられているが、これは、以下のような「権利の完全な実現を達成するため」である。

> この規約の締約国は、教育についてのすべての者の権利を認める。締約国は、教育が人格の完成及び人格の尊厳についての意識の十分な発達を指向し並びに人権及び基本的自由の尊重を強化すべきことに同意する。更に、締約国は、教育が、すべての者に対し、自由な社会に効果的に参加すること、諸国民の間及び人種的、種族的又は宗教的集団の間の理解、寛容及び友好を促進すること並びに平和の維持のための国際連合の活動を助長することを可能にすべきことに同意する。（第13条1）

教育を受けることは個人の権利だが、それは良い社会をつくるためという側面がある。したがって、誰もが教育を受けられる環境を整えることは社会的な責務であり、費用は社会全体で負担しなければならない。それを実現する方法のひとつが教育の無償化である。教育費をめぐる問いに向き合う際には、こうしたことを頭においておきたい。

■主な引用・参考文献
　北海道大学大学院教育学研究院「子どもの生活実態調査」研究班／北海道保健福祉部子ども未来推進局子ども子育て支援課／札幌市子ども未来局子ども育成部子どもの権利推進課（2018）『北海道・札幌市の子どもと家族の生活――子どもの貧困対策を考えるために』
　※このパンフレットは、本研究院附属子ども発達臨床研究センターのホームページからダウンロード可能である。
　鳥山まどか（2019）「家計の中の教育費」佐々木宏・鳥山まどか編著『教える・学ぶ――教育に何ができるか』（シリーズ・子どもの貧困③）明石書店

男女平等

9 職場を男女平等にするには何が必要か

駒川 智子

キーワード：**女性管理職、性別役割分業、男性の働き方の見直し**

1. 男女平等ランキングに見る世界の中の日本

日本は世界149カ国中の110位。さて、これは何の順位だろうか。これは世界経済フォーラムが毎年発表する男女平等ランキングの順位である。4つの分野（経済活動、教育機会、健康医療、政治参加）の男女格差を測定しランキング化したもので、順位が高いほど男女平等であることを示す。表1に見るように、日本は先進諸国のなかで際立って順位が低い。国会議員の女性比率の低さから「政治参加」は125位であり、収入の男女差や管理職に占める女性比率などから算出される「経済活動」も117位と低い。日本は女性が機会を得られるよう法整備を行っているが、それ以上の速さで諸外国は男女平等を進めている。このためチャンスを求めて、日本から海外に飛び出す女性も多い。

表1 男女平等ランキング（世界経済フォーラム報告書2018：149カ国）

総合順位	国 名	経済活動	教育機会	健康医療	政治参加
1位	アイスランド	16	39	121	1
3位	スウェーデン	9	52	115	7
14位	ドイツ	36	97	85	12
15位	イギリス	52	38	110	11
51位	アメリカ合衆国	19	46	71	98
103位	中 国	86	111	149	78
110位	日 本	117	65	41	125

（出典：世界経済フォーラム『The Global Gender Gap Report 2018』より作成）

2. 女性の管理職が少ないのはなぜ？

なぜ、日本の男女平等は世界から遅れているのだろうか。ここでは職場の男女平等について、女性の管理職が少ない理由から考えてみよう。

2016年時点の日本の管理職に占める女性比率は12.9％である。これはドイツ29.3％、スウェーデン39.3％、アメリカ合衆国43.8％と比べてかなり低い（労働政策研究・研修機構〔2018〕『データブック国際労働比較』）。**女性管理職**が少ない理由としてよく言われるのは、「女性は出産で仕事を辞めるから」である。確かに出産で退職する女性は多く、2010〜14年に第一子出産前後

で仕事を辞めた女性は 46.9％、正社員に限っても 30.9％である（国立社会保障・人口問題研究所〔2016〕「第 15 回出生動向基本調査（夫婦調査）」）。しかし日本の女性だけが出産するのだろうか？　日本はむしろ先進諸国の中でも出生率が低く少子化が進んでいる。そのため女性管理職比率の低さを出産だけで説明することはできない。

　それでは、出産後も働き続けるための制度が整っていないのだろうか。日本では出産予定の女性は、産前は 6 週間、産後は 8 週間の休暇を取ることが法律で義務付けられている。また育児・介護休業法は、男女ともに約 1 年の育児休業を取得できると定めており（子どもが 1 歳になるまで）、もし父母の両方が育児休業を取得すると休業期間を 2 カ月延長することができる（パパ・ママ育休プラス）。さらに保育所に入れない場合なども休業を延長することができ、育児休業は最長 2 年間可能である。これに加え、子どもが一定の年齢に達するまで勤務時間を短縮できるといった、独自の制度を設けている企業も多い。育児休業の取得率は女性で 80％を超えており、大企業を中心に女性が出産後も働き続けるための制度は整っている。

　出産後も働き続ける女性は増えている。しかし管理職へ昇進する女性は少ない。休業期間が長くて職場の変化についていけなかったり、企業による過度な配属によって出張のある業務や責任の重いプロジェクトから外されるなどするため、管理職に必要な知識や経験を得る機会を逃しがちだからである。これはワーキングマザーによく見られるキャリアコースで、「マミートラック」と呼ばれる。出産後の女性を対象とした仕事と家庭の両立支援策だけでは、女性の勤続年数は長くなっても、管理職は増えないのである。

3．日本企業の雇用管理の特徴

　出産後の女性が、通常のキャリアコースとは異なるマミートラックに入るのはなぜなのか。それは男性を中心とした通常のキャリアコースは、長時間労働で転居をともなう転勤も求められがちだからである。

　日本企業の雇用管理は、新卒者を一括して採用し、様々な業務を体験させながら長期にわたって育てるもので、勤続年数に応じて昇進し賃金が上昇する。これは日本企業に特徴的なもので、職種別の採用が中心で転職も多い諸外国ではあまり見られない。日本企業は長期勤続が期待される男性に、長期

安定雇用と年功的処遇を「保障」し、男性一人の稼ぎでも生活できるよう家庭を経済的に支援する。男性は企業内での昇進を目指し、いつでも、どこでも、どれだけでも働くようになり、日常的に長時間労働となる。対して女性は結婚・出産を機に退職し、男性を支えて家庭を切り盛りすることが多くなる。このため企業は女性には定型的な業務を与え、管理職候補としては育てない。そのことを示したのが図1である。

図1　日本企業でのキャリアルート

こうして男性が主な稼ぎ手で、女性は主婦となり子育て後にパートで再就労、というスタイルが日本の幅広い層に広がり、「男は仕事、女は家庭」という**性別役割分業**を前提にした雇用管理が確立した。その結果、女性は短期勤続者とみなされたり、男性同様の働き方が難しいとされ、重要業務を任されることが少なく、勤続年数を重ねても昇進しにくいのである。

意欲と能力のある女性を男性と同じように扱う企業は増えているが、長時間労働や転居をともなう転勤ができない女性は、パートや派遣労働者という非正規雇用とならざるを得ない。男女格差は雇用形態間格差と重なり合うのである。

4．職場の男女平等に向けて

「男は仕事、女は家庭」という性別役割分業は、個々の家庭で選択されても良い。問題はそれが社会的慣習となり、制度に組み込まれることで、性別役割分業を選択しない人たちの生き方を狭めることにある。多様な生き方を可能とするためにも、職場の男女平等は重要である。

職場が男女平等でないことは、どんな問題を生じさせているのか。第一に、男性から自分自身や家族との大切な時間を奪っている。例えば子どもの成長にもっと関わりたいと思う男性は増えている。しかし過労死・過労自死をもたらすような長時間労働と、時に単身赴任が選択される転居をともなう転勤は、男性が仕事以外の時間を持つことを難しくさせている。

第二に、女性の収入を低くし人生での選択肢を狭めている。女性が短期勤

続者とみなされ人材育成の対象外となることは、女性のキャリア形成を難しくし収入を頭打ちとする。加えて非正規雇用者となりがちなため、低収入で不安定な生活をもたらしている。

　第三に、日本企業が変化の激しいグローバル社会に対応することを困難にしている。今日の日本企業では、仕事中心に生きてきた男性が役員や管理職に昇進することが多く、企業の意思決定の場は、経験や価値観が類似する男性によって占められている。そのため多様な角度からの議論とはならず、斬新なアイディアが生まれにくい。

　世界はＡＩなどの人口知能やテクノロジーを積極的に用いながら、男性と女性が同じように働き、ともに自分自身や家庭を大切にできるよう、雇用管理を変化させている。それが女性管理職の多さに見られる、男女平等な職場を生み出している。日本が男女平等な職場にするには、性別役割分業を前提とした雇用管理を変革し、長時間労働の抑制、転勤ルールの明確化による**男性の働き方を見直す**こと、雇用形態に関わらない公正な処遇を導入し、非正規雇用者の処遇を改善することが必要である。

10 学ぶことと働くことは どのような関係にあるのか

上原 慎一

キーワード：就職、雇用の仕組み、メンバーシップ型社会、出口指導

1．シャカイジンとシャイン

　中学校・高校・大学等、学校を卒業して働くことに関わって、外国語に訳しにくいと指摘される言葉と、本来の意味とまったく違う意味で日常的に使われている言葉がある。その一つが「社会人」である。「明日から皆さんは社会人として、厳しい世の中を生きていかなければなりません。どうか学校での生活を思い出して……」などという訓辞は、かつては校長先生や担任の先生が就職する卒業生にむけてよく述べていたものである。この言葉には学校と社会は異なるルールに支配されていて、「就職する皆さんは明日から異なる世界に属する（移行する）のですよ」という意味がこめられている。もう一つは「社員」である。「あなたはどこの社員ですか？」と問われれば、普通私たちは所属している会社の名前を答えるであろう。すなわち、そこで使われているのは会社員、あるいは従業員の言い換えや略称として意識されている「社員」である。しかし、法律用語としての「社員」は「出資者」（例えば株主）を指す言葉であり、会社員、従業員という意味はほぼない（厳密には労働を出資するということもあるので、まったくないということではないのだが、多くの人々が働く法的枠組みとは異なっている）。

　これらの事柄が表しているのは学校と会社は異なる世界であり、私たちはそのいずれかに「所属」している、という意識である。就職に当たってはこの所属の移行が大前提になる。日本での就職が就「職」ではなく、就「社」だ、といわれる所以である。そしてまた、あまり知られていないが、世界標準は就「職」であり、就「社」の仕組みは日本独自であるということである（これまた、似たような仕組みがまったくないということではない）。

2．メンバーシップ型社会とジョブ型社会

　学術的にやや難解であった日本の就職の仕組みをメンバーシップという

わかりやすい概念で世に広めたのは濱口桂一郎氏の功績である（濱口 2009）。日本で、とりわけ新卒で働く際には、特定の「職」に就くというよりは、入社する会社のメンバーになるという意味合いが強い。それに対して、「職」そのものは英語では"JOB"や"TRADE"といい、日本語では職務とか職種などと言い表され、客観的・具体的に存在し、働く人はそこに属する。前者では会社のメンバーとして上司や先輩、同僚とうまく協力し合って仕事をこなしていけるか否かが最も重要な評価要素となるのに対して、後者では入社後、すぐ仕事をこなさなければならないし、仕事が出来なければ解雇されても文句は言えない。だから、前者では職場で協力し合って仕事が出来るという人柄や協調性が重要視されるのに対し、後者では職務をこなすための要件、能力や資格を有しているか否かが重要になる。さらに言うなら前者では入社前に特定の仕事に関する能力を求められることが少なく（皆無ではない）、後者では特定の職務に関する能力を有すことが必須である。日本の会社では、入社後資格が必要な仕事があったとしても「必要な資格は入社してから取ってもらいます（ので事前に取得する必要はありません）」といわれることが多い。

　こうした社会のありようが、学校教育に強く影響を与えていると理解するのはもはやさほど難しいことではないであろう。後者のジョブ型社会では中学、高校、そして大学でも就職したければ職業教育を受けることが最重要課題となるのに対し、前者のメンバーシップ型社会では特に職業に関する専門教育を強く求めるということはなく（くどいようだが皆無ではない）、成績や欠席の有無、学校と会社の実績関係が重要視される（中学、高校、大学でずいぶん異なるけれども）。中学校、高校での進路指導が**出口指導**といわれるのも、こうした事情からである。

　　＊大学に関しては事情が異なる。気になる人は大学に入ってから早めにキャリアセンター等、就職担当部署の専門スタッフに聞くことをお勧めする。

3．選択肢が広がる vs. 職人として生きる

　もっとも、こうした社会の理解の仕方に疑問を持たれる方も多いだろう。例えば職人になりたいとか、そもそも資格を持っていないとつけない仕事を目ざしているとか、将来独立したいと考えている人々にとってはかなり違和感のある話だったかもしれない。そうそう、そういう仕事こそ日本にも存在

するジョブ型の仕事の領域なのである。職人を養成している親方（建設や料理に関わる職種に多いが製造業でも存在している）に聞くと、現代でも「できれば15歳から養成したい」とおっしゃる方が多い。そういう親方から見ると高校生の皆さんは卒業後に修行しようとしても少々出遅れることになる。「手に職」をつけるために専門学校（例えば医療、福祉、理美容等々）への進学を考えている方も多いだろう。それに対して、「将来何になっていいかわからない、自分が何に向いているかわからない」と考えている皆さんには担任の先生や進路の先生が、「進学すれば選択肢が広がるよ」、とか「やりたいことが見つからなければ、とりあえず進学してそこで考えてみたら」とアドバイスしてくれるだろう。また、それ自体が間違っているともいえない。しかし、私が担当している進路指導論で「先生の勧めに従って大学に進学したが、やりたいことが見つからずに困っている」と「告白」する学生もまた一定数存在する。大学というところでは、自ら主体的に動くことが求められ、一部を除いてキャリア教育や進路指導に熱心ではない（ので留意されたい）。重要なのは進路決定について、先延ばしにせず、今そこで悩みぬくことなのである。

4．仕事のことを知るには

　仕事や会社を知る方法はいくつもある。職場体験やインターンシップは言うまでもない。しかし、中高生の皆さんが「体験」できる仕事にはかなりの制約がある。仕事に関して解説している本も多数出版されているが、業界を解説している本はやたらと専門用語が多く、「○○になるには」という本はいまひとつぴんと来ないという方も多いだろう。そこでお勧めしたいのは、皆さんの周りの働いている大人や先輩たちに、仕事や会社についてとにかく聞くということである。会社の歴史、事業内容、取引先、企業規模、様々な部署の特徴、配属されている部署での仕事とその覚え方、入社する人の特徴、聞くべきことは山ほどある。また、興味がなくてもニュース等で話題になっている会社のことなどもぜひ調べてみよう。歴史の長い会社と新興の会社では社風が相当に異なる。プロ野球ではないが、育成が上手な会社もあれば早期に一人前になることを強く期待する会社もある。直接消費者とは関わりが薄く、知名度は低いが実績は抜群、などという会社もたくさんある。ま

た、本稿執筆時話題となっている日産とルノーの問題も歴史を紐解いていくと実に様々なことがわかる。こうして得た知識は直接進路に役に立たないかもしれないが、確実に皆さんの「教養」になる。歴史や社会科が苦手、という方にはぜひお勧めしたい（「コミュニケーション力」というおまけも付いてくるかも……）。

5．権利も重要

　メンバーシップという日本の雇用のあり方が、学びや働くことにいかに深く関わっているか、理解いただけたと思う。まだ他に重要なことがある。それは働く者の権利についてである。実はジョブ型の社会では技能や資格を身に付けることと働く者の権利がセットになっていることが多い。残念ながらメンバーシップ型の社会では両者は長期的には深く関わっているのだが短期的には別個の論理で考えなければならない。先に挙げた会社の特徴も組み合わせによっては容易に働く者への過剰なストレスや長時間労働の原因になる。「七五三」といわれる若者の早期離職（中学、高校、大学卒業者のうち３年以内に離職するものの比率）を防ぐためにも早急な対策が必要である。

　「ブラック企業」という言葉がある。「ブラック企業」とは単に働く者を使い捨てにする乱暴な企業のみを指すのではない。ここで詳しくは説明できないが、「ブラック企業」問題に対処するには社会の仕組みや構造がそうした状況を招く側面があると理解することが重要である。公民や政治経済で教わったと思うが、働く者の権利を守る法律はもちろんある。こうした法律を知り有効に権利を行使することはもちろん重要である。しかし専門家は「知識だけでは権利は守れない」とし、職場の仲間との関係の重要性を指摘する。なぜだろう、よく考えてみてほしい。

　会社や職場で生ずる様々な問題とどのように向き合い、働く者として、「社員」として、「社会人」としてどう一人前になっていくのか、皆さんに問われているのは、具体的な進路とともにこうしたことを考え行動に移していく力なのである。

■主な引用・参考文献
　濱口桂一郎（2009）『新しい労働社会』岩波書店

11 「学校」を超える学びの場

横井敏郎

> キーワード：教育を受ける権利、公教育制度、義務教育制度、義務教育未修了者、学校外の学びの場

1．教育を受ける権利と公教育制度

　学校に通うことはごく日常的な行為であり、特別なことと意識せずに小中学校時代を過ごした人も多いだろう。平日の昼間に学校に行かずに町を歩いている子どもがいると、どうしたのだろうと気にする人の方が多いはずだ。**教育を受ける権利**は憲法に明記され、また誰もが学校に通うもの、通っているものと考えられている。政府統計では小中学校への就学率はほぼ100％である。高校への進学率は98％を上回っている。

　学校は、身分制が解体され、近代国家が形成される時期に誕生した。学校の機能は多様であるが、第一の目的は国民教育、つまり国家の担い手としての国民を育成することにあった。もちろん、いまでは基本的人権としての教育を受ける権利が認められており、国家の意向に沿うだけの教育を行う場とはなっていない。しかし、学校を一定の制度的枠組みをもって作らなければ、すべての国民に共通の基礎的な教育を提供することは難しい。低年齢の段階から高度な教育・研究や専門教育などを行う段階に至るまで、学校の体系を組み立て、教育の組織化を図ったものが**公教育制度**である。

　そして、その中核に置かれているのが、**義務教育制度**である。子どもを学校に通わせる義務を親に課し（就学義務）、また国・行政に学校設置義務を課して、すべての人に一定期間、教育を受ける機会を保障しようとするのがこの制度である。戦後日本においては、どこの町にもかならず小中学校がおかれるよう制度整備が行われ、実際、多くの子どもが学校に通うことで、すべての子どもは学校に通えているものという意識が国民の中には定着していった。

2．義務教育を受けられなかった人々と公教育制度

　しかし、また戦後日本において、実は百数十万人の人々が義務教育である

中学校を卒業していないことはあまり知られていない。戦争で家族を失い、家が焼け、食べるのにも苦労する時代に学校に通うことができなかった子どもが多数いた。家業を手伝ったり、奉公に出されたりして学校に通えなかった子ども、差別や受け入れ体制不備など、社会と学校側の問題から学校に通えない子どもも多くいた。その後、経済が成長し、学校教育の整備も進んでいったが、義務教育を十分に受けられなかった人々（**義務教育未修了者**）が出る時代が戦後しばらく続いたのである。

しかし、子どもの時は学校に通えなかったとしても、その後、生活が安定すれば、学校に通い直すことができそうだが、それはできないのだろうか。

日本の教育制度は義務教育期間を6〜15歳とし、15歳を過ぎると親の就学義務はなくなる。それとともに法制度上、教育行政にもそうした学齢超過者を学校で受け入れる義務は無くなる。つまり、15歳を過ぎると、親と行政の義務は消滅し、同時に子どもの教育を受ける権利も失われることになるのである。また、障害のある子どもたちの場合、義務教育の就学猶予・就学免除という規定が学校教育法にあり、それをもとにして学校に通うことが認められないケースも多くあった。

ただ、戦争や貧困等で義務教育を受けられなかった人々に教育を補償的に提供する夜間学級が公立中学校に附設される場合があった（公立夜間中学校）。1950年代に多く設置され、一時は大幅に減少したが、いまも全国9都府県に30校を超える夜間中学校がある。これに通うことで学び直しができた人も多かったが、限られた地域にしか設置されず、義務教育段階の教育を受けられなかった人々が多数残されてきた。また、障害のある子どもの教育を保障しようと、1979年に養護学校義務制が実施されたが、その後も障害児教育には依然として改善すべき部分が多くあると指摘されてきた。

近年では、外国人の子どもが増加し、その教育の保障が課題となっている。日本の法制では、外国人に対して義務教育は適用されない。義務教育は日本人を育成することを目的とするものであり、就学義務を課すのはあくまで日本国籍所有者であるというのが国の方針である。日本政府も批准している国際人権規約（経済的、社会的及び文化的権利に関する国際規約）や国際条約（子どもの権利条約）では、初等中等段階の教育は義務的なものとして提供すべきとされているが、実際には不就学も生じている。

3．「学校」を超える学びの場の広がり

　以上のように、戦後日本においては国民の教育を受ける権利を保障するために公教育制度、義務教育制度が整備されてきたものの、いまだ課題が残されている。しかし、最近は市民・住民が自主的に既存の枠組みに基づく「学校」を超えた学びの場を創造し始めており、通常の小中学校、高校、大学からはみ出すように学びの場が広がりつつある。

　市民の手による自主的な学びの場の例をいくつかあげよう。まず、公立夜間中学校が無い地域で、その代替となるような自主夜間中学校が市民の手作りで設立されてきている。十分な読み書きができない高齢者の人々が主な対象であるが、不登校だった若者や障害のある人々、外国人なども含まれる。また不登校の子どもを受け入れるフリースクールも全国各地に生まれている。

　外国人の子どものための外国人学校は、私学として認可されている学校もあるが、各種学校や無認可学校も多い。これらは特に日系ブラジル人を受け入れ始めた1990年代以降に増加している。

　障害のある子どもを受け入れるフリースクールや認可外の学校もある。愛知県名古屋市にある見晴台学園は、学習障害の子どもの保護者が設立した認可外の高校であり、その後、中等部や青年部を併設している。また、知的障害の青年に高等教育を提供する「福祉型大学」が新たに生まれてきている。大学進学率が50％を超える中、学びにより多くの時間を要する知的障害の青年には、特別支援学校高等部の後に教育を受ける機会がない。そこで障害者総合支援法の自律訓練事業と就労移行支援事業を活用し、学費がかからない4年制の「福祉型大学」を福祉法人やNPOが作り出した。厚生労働省の補助金を用いており、文部科学省管轄の正式の大学ではないが、公教育制度の周縁に生まれた新たな学び場の一つである。

　他に通常の学校とは異なる独自の価値や方法に基づいた教育を求めて、オルタナティブスクールを作る動きがある。京田辺シュタイナー学校は、欧米のオルタナティブ教育の一つであるシュタイナー教育を行おうと2001年に設立された。当初は私学として設立しようとしたが、日本の教育制度では私学設立に莫大な資金がかかるため、それはあきらめざるを得なかった。そこで、無認可のまま、事実上の学校として発足した。

　他方、公教育制度内においても学習者の状況に合わせて学びの場を広げる

動きがある。前述の公立夜間中学は中学校の二部授業の規定を設置根拠としていたが（学校教育法施行令第25条）、2016年に制定された「教育機会確保法」において初めて法律に夜間中学（夜間その他特別な時間において授業を行う学校）が明示され、その整備充実がめざされることとなった。この法律や関連する文部科学省の通知では、中学校を形式卒業した者（不登校で実質的に中学校に通えなかったが、卒業証書を受け取った者）、15歳以下で現在不登校となっている中学生も受け入れるとされ、年齢に関する規定の運用が柔軟になった。

また、広域通信制高校でのインターネットを用いた授業や遠隔配信システムを用いた過疎地域の高校への授業配信、病気やけがで長期療養をしている児童生徒への遠隔授業や訪問教育など、通学しづらい生徒や教員を十分に配置できない学校への支援も取り組まれつつある。これにより、学校という場に通学できなくても教育を受ける選択肢が生まれている。

多くの子どもは通常の学校で教育を受けられており、それとは異なる学びの場、**学校外の学びの場**の存在が人々によって意識されることは少ない。しかし、学習者側のさまざまな要求に応えようとすれば、自ずと学びの場は多様な形で広がらざるを得ない。いまだ社会的に十分な認知がされていないが、これらの学びの場によって公教育制度は潜在的に拡張されている。

これらの場の学びには、人々の学びと生の要求に根ざした正統性がある。市民の自主的な取り組みも活かしつつ、これらの教育をいかに保障していけるのか、それを探ることが現代教育学の重要な課題の一つである。

> 教育と貧困

12 教育は貧困をなくせるか

松本 伊智朗

> キーワード：貧困、子どもの貧困、自己責任

1．偶然：貧困研究との出会い

　私は1979年4月に北大に入学した。志望の理由は三つ。第一に、生まれ育った大阪から遠いこと。遠いほうがワクワクする。第二に、山に登りたかった。特に冬山。北海道には山があって冬が長い。第三に、漠然と社会と人間に関心があったものの、考えるべき大事なことは何か、どんな学問や研究があるのか無知だった。北大は入学時に学部を決めないので、うってつけだった。入学後は山岳部で山登りに専念した。講義に大事なことの匂いはなかった。当時は、医・歯・水産以外の学生は、2年次の前期終了後に学部が決まる。私は消去法で教育学部に移行したが、すぐに休学してヒマラヤに山登りに出かけた。初めて学部に行ったのは半年後の4月で、専門ゼミを決める時期だった。

　他の学生は半年間の入門的な講義やゼミを経ているが、私は何も知らない。名簿順に教員を訪ねて、研究テーマを聞いて回ることにした。勇んで始めたが最初の研究室で終了、そこに決めた。全員回るのは大変だと気づいたこと、初めて聞いた**貧困**の研究への素朴な好奇心が理由である。ゼミに女の子が複数いるという事前情報も効いた。当時、北大に女子学生は少なかった。

　ゼミに入って、貧困に関する論文や専門書を読んだ。大事なことだと、つくづく感じた。当時は貧困問題に対する社会的関心は低く、研究者もとても少なかった。私はそれがとても不思議だった。こんな大事なことに関心を持たない社会を、おかしいと感じた。気が付いたら貧困研究にどっぷりと浸かっていて、それから40年近くたった。一応専門家になったが、始めたのは偶然である。そんなオトナは案外多い。モノゴトを始める理由は、実はどうでもいい。続けている理由に、意味がある。

2　違和感（1）：自己責任

　貧困の研究を続けている理由の一つは、違和感である。怒りと言い換えて

もいい。最初は、問題にしないことへの違和感。日本に貧困がどの程度存在するのか関心を持たないで、豊かさのひずみとして教育や福祉の問題が語られていた。社会科学が専門の大学の先生でも、そんな人が多数派だった。日本は豊かで平等な社会というのが議論の前提だった。90年代の後半から格差の存在が指摘され、前提が揺らぎ始める。2000年代に入って数年たった頃から、貧困という用語を使用した議論が多く登場する。単なる差を意味する格差と異なり、貧困には社会的に容認できない問題という含意がある。2008年ごろから「子どもの貧困」に対する社会的関心が高まり、今日では貧困や「子どもの貧困」は、日常的な話題になった。ブームの感さえある。では違和感は消えたか。答えは否。取り上げないことへの違和感が、取り上げ方に対する違和感に替わっただけである。最近よくみる解説から、いくつかの例を挙げてみよう。

　解説その１、「子どもの貧困は自己責任ではありませんから、社会が取り組むべき問題です」。確かにそうだ。でもこれって、「大人の貧困」は自己責任だから放っておけってことの裏返しになっていないか。そもそも「子どもの貧困」と「大人の貧困」は別のものではない。貧困は貧困。でも貧困に起因する「子どもが負う不利や困難」に焦点を当てるには、「子どもの貧困」という言葉は役に立つ。貧困に種類があるんじゃなくて、貧困を見る角度を変えてみているだけ。問題を分ける言葉ではなく、問題の理解を深めて対策の幅を広げるための言葉として使うべきじゃないか。

　また、自己責任って簡単に言うけど、責任は選択したことに対するもの。貧困はゆとりの無さや選択肢の狭さとして、経験されることが多い。制約された、実質的な選択肢がない状態での選択の結果に責任を問うって公正じゃないし、実際の生活ではその人の「自由な選択」と、「そうするしかなかったこと」の区別はとても難しい。一方で、自己責任と思われることなのに社会的に対応する場合もある。酔った大学生が公園の噴水に飛び込んでけがをしても（昔の北大生によくあった。ほとんどの場合わかりやすい自己責任）、医療費は公的にカバーされ、他の疾病やケガと同様に自己負担は３割で済む。つまり日本の医療保険制度は疾病や怪我の理由で対応を区別しておらず、それによって社会の安心感が維持され、多くの命が守られている。加えて私たちには、個人的な事柄だけではなく、皆が安心して生きることができる社会

を作るにはどうすればいいか、ということを考える責任もあるかも知れない。

　こう考えると上記の解説は、逆に「貧困」から私たちの目を遠ざけてしまう。自己責任という呪文を唱えると、貧困の渦中に生きる人の現実の苦しさや社会のあり方を考えずに済む。責任という言葉の無責任な使用例だと思わないか。

3．違和感（2）：学習支援

　解説その2、「貧困家庭の子どもは学業成績が低いので、将来良い仕事に就けず貧困になります。それを防ぎ貧困から脱出するために学習支援を充実させましょう」。なるほど、そういうことって確かにある。2013年に「子どもの貧困対策の推進に関する法律」が成立、翌年には法に基づく大綱（実際の施策の枠組み）が出された。大綱は「教育の支援」が中心で、近年増えてきた各地の取り組みも「居場所づくり」と「学習支援」が多い。ここで「学習支援」は、学校以外の場所で低所得・貧困家庭の子どもに、無料で勉強を教える事業を指す。民間団体の活動が多いが、大手の学習塾に委託する自治体も出てきた。経済的な理由で塾に行けないことが、学業成績の低さの一因という理屈だ。

　もちろん貧困による教育的不利を緩和する試みは、とても大事だ。学習支援ボランティア募集の案内が大学に来たときは、学生に紹介する。私自身、学生から大学院生の数年間、そうした経験がある。時には貧困から抜け出す手助けになることを知った。しかし同時にそんな成功物語は少数で、限界も痛感した。この限界を意識せず「学習支援」や「教育の支援」を子どもの貧困対策の中心に据えることは、本来取られるべき対策を見逃してしまう可能性がある。

　なぜか。①貧困は「いま」お金がなく、生活が苦しいこと。「学習支援」はこの問題に対して無力。②貧困は社会の不平等・不公正の結果。これを放置したままだと、誰かが貧困から脱出しても、別の誰かが貧困になるだけ。③学業成績が低いと貧困になるっていう説明は、学業成績が低いと貧困になっても仕方がないっていう責め言葉と紙一重。「やってもできない子」は、より追い詰められる。④貧困家庭の子どもの学業成績が低くなりがちなのは、学校や教育それ自体が、経済的に安定している人に有利になっている

からかも知れない。例えば小学校で親が子どもの音読をチェックするという宿題があったとして、これは誰に有利だろうか。また例えば、学習塾に行かないでもみんながわかる授業だったら、塾代の問題は出てこない。⑤本来教育は、貧困脱出の手段だろうか。未知を知るよろこびそれ自体に、人生を豊かにする価値はないだろうか。手段としてのみとらえると、教育のあり方をゆがめてしまう。

4．貧困と能力

　今日の社会は、人間らしい暮らしを営むことを人権として承認し、それを実現するための様々な仕組みを作っている。日本国憲法25条の「すべて国民は、健康で文化的な最低限度の生活を営む権利を有する」という規定は、その一つの表明だ。そう考えると今日の貧困の特徴は、すべての人を貧困から守る制度があるはずにもかかわらず起こっているという点にある。だとすれば、貧困は制度の欠陥による人権の侵害で、貧困対策の基本は人権を守る社会を作ることだ。決して「能力がない、弱い個人」の宿命ではない。貧しい人の「頑張りぐあい」に責任を帰する考えや対策は、この点を見過ごしている。

　教育は貧困をなくせるか。この問いは、どんな教育だったら貧困の緩和に役に立つかという問いに置き換えられる必要がある。教育は一様でも中立的でもない。戦争を支える教育もあれば、平和を作る教育もある。教育を個人が利益を得る手段と考えて、競争社会で勝ち抜く「強い個人」の育成をうたう教育もある。教育を公共的なものだと考えて、「弱い個人」でも人間らしく生きていける社会を作ろうとする人間を育てる教育もある。

　人間の歴史は、差別の歴史でもある。人種、民族、出自、性別などによる差別は、少なくとも理念の上では否定されてきた。その際能力という概念が使われる。例えば、女性でも能力があるのだから差別は良くないなど。近代社会は、それまでの社会より個人の能力に重きを置く仕組みだ。人種などの差別を、能力主義によって否定する説明は受け入れられやすい。では能力による差別は、受け入れるべきだろうか。能力の劣る個人が貧困になることを、受け入れるべきだろうか。教育の機能の一つは、個人の能力を伸ばすことだ。ではその教育は、能力による差別を乗り越える社会を作ることができるだろうか。この難問を、じっくり考えてみないか。

ブックガイド（各レッスンの推薦図書）

1 フロンティアを／フロンティアから考える
  1. 黒羽清隆（1989）『昭和史（上・下）』飛鳥
     タイトルは平凡。内容は非凡。生身の人間たちの感覚から戦争のリアリティを追究。
  2. 金子文子（2017）『何が私をこうさせたか　獄中手記』岩波書店（初版：1931年、春秋社）
     無籍者として育ち、大逆罪により死刑宣告、23歳で獄死した女性の自分史。問いは根源的だ。
  3. ガヤトリ・C・スピヴァク（1998）『サバルタンは語ることができるか』上村忠男訳、みすず書房
     サバルタン（下層の人々）は語ることができない、と言明する著者が見据えるのは……。

2 一つの国家、一つの国語という「常識」
  1. 田中克彦（1981）『ことばと国家』岩波新書
     国家と結びついた国家語の成立とともに生じる諸問題を世界各地の実例に即して論じる。
  2. 安田敏朗（1999）『〈国語〉と〈方言〉のあいだ』人文書院
     方言は国語なしには成立しない概念である。日本における国語と方言をめぐる関係を描く。
  3. 近藤健一郎編（2008）『方言札』（沖縄・問いを立てる2）社会評論社
     自らのことばや身体感覚を矯正されようとする近現代沖縄の人々を6編の論考が論じる。

3 「大人になる」とはどういうことか
  1. 斎藤美奈子（2003）『モダンガール論』文春文庫（初出1998～2000年）
     女性たちは20世紀をどう生きたのか現代的な視点から軽快な語り口でたどる。
  2. 住井すゑ（1981）『橋のない川』新潮文庫（初出1956年）
     被差別部落に生まれた少年の成長を日露戦争から水平社宣言へと向かう時代の中で描く。
  3. 永山則夫（1990）『無知の涙　増補新版』河出文庫
     19歳の連続射殺犯（1968年）の獄中ノート。「金の卵たる中卒者諸君に捧ぐ」。

4 中世ドイツの「後朝の歌」を日本文化の目でとらえなおす
  1. 赤松啓介（2006）『非常民の民俗文化』ちくま学芸文庫
     日本社会にごく最近まで残っていた習俗や伝統を著者が自らの体験をもとに語る好著。
  2. ルイス・フロイス（1991）『ヨーロッパ文化と日本文化』岡田章雄訳、岩波文庫
     16世紀に宣教師として来日した著者が当時の習俗を比較により描写した貴重な書。
  3. 宮本常一（1984）『忘れられた日本人』岩波文庫
     フィールドワークの達人である著者が各地で記録した風俗習慣を活写した名著。

5 幸福を求めて民が生きた古の世
  1. 五木寛之（2014）『隠された日本 中国・関東 サンカの民と被差別の世界』ちくま文庫
     様々な漂泊民がいた痕跡を尋ね、その歴史を垣間見る。
  2. 堺正一（2005）『塙保己一とともに──ヘレン・ケラーと塙保己一』はる書房
     ヘレン・ケラーが尊敬し、心の支えとしていた塙保己一を若い人たちに紹介したいという希望に基づいて書かれた塙保己一の伝記。
  3. 堺正一（2010）『続　塙保己一とともに──いまに"生きる"盲偉人の歩み』はる書房

2の続編。塙保己一をきっかけとして盲人が歩んで来た歴史を紹介している。

6 世界の見え方を決めるもの——認識枠組と文化装置
 1. 苅谷剛彦（1995）『大衆教育社会のゆくえ——学歴主義と平等神話の戦後史』中公新書
  問題を切り取る枠組を変えれば見える世界が一変することを教育分野で示す好例。
 2. 小田博志（2010）『エスノグラフィー入門〈現場〉を質的研究する』春秋社
  文化人類学者による研究方法入門書。研究に欠かせない「概念」「理論」を平明に解説。
 3. ダニエル・J・レヴィティン（2017）『武器化する嘘——情報に仕掛けられた罠』和田美樹訳、パンローリング
  「フェイクニュース」全盛の中、批判的思考により情報の信頼性を判断する方法を示す。

7 教育と社会的不平等の関連を解明する——新しい論点と課題
 1. 苅谷剛彦（1995）『大衆教育社会のゆくえ』中公新書
  学業成績の階層差が戦後一貫して存在していたことを各種データにより提示。
 2. 笹谷春美・吉崎祥司・小内透（2001）『階級・ジェンダー・エスニシティ——21世紀の社会学の視角』中央法規出版
  階級・ジェンダー・エスニシティに関する各論とそれぞれの相互関連について検討。
 3. 小内透編（2009）『教育の不平等』（リーディングス　日本の教育と社会13）日本図書センター
  教育の不平等に関する1990年代以降の代表的な論文と解説および主要論文一覧を収録。

8 教育費を負担するのは誰か
 1. 中澤渉（2014）『なぜ日本の公教育費は少ないのか——教育の公的役割を問いなおす』勁草書房
  家計負担軽減のための公的負担増。それがなぜ難しいか、どうすべきかを考えるために。
 2. 岩重佳治（2017）『「奨学金」地獄』小学館新書
  日本学生支援機構の奨学金制度の問題を、具体的な事例にもとづきながら理解できる。
 3. 鳫咲子（2016）『給食費未納——子どもの貧困と食生活格差』光文社新書
  学校教育における給食の役割やその費用負担のあり方について考える手がかりとなる本。

9 職場を男女平等にするには何が必要か
 1. 坂本光司『日本でいちばん大切にしたい会社』シリーズ、あさ出版
  誰もが気持ちよく働けるよう取り組む会社を紹介。平等な職場を考えるためのヒント。
 2. 藤原千沙・山田和代編（2011）『女性と労働』（労働再審③）大月書店
  女性はどのように働き、いかに評価され、何が問題なのかを、具体的に考察。
 3. 熊沢誠（1997）『能力主義と企業社会』岩波新書
  日本企業の能力主義管理について、制度と働く人々の意識から解説。

10 学ぶことと働くことはどのような関係にあるのか
 1. 濱口桂一郎（2013）『若者と労働』中公新書、同（2014）『日本の雇用と中高年』ちくま新書、同（2015）『働く女子の運命』文春新書。
  濱口氏の著作には参考文献に挙げたもののほかに、属性毎に特化したものがある。
 2. 本田由紀（2009）『教育の職業的意義』ちくま新書。
  やや強引な論理展開が気になるが、職業教育の意義を強調する好著である。

3. 川村雅則他（2014）『ブラック企業に負けない！ 学校で労働法・労働組合を学ぶ』きょういくネット
   権利を守るための様々な実践例が紹介されている。

11　「学校」を超える学びの場

1. 大多和雅絵（2017）『戦後 夜間中学校の歴史』六花出版
   戦後に開設された公立夜間中学校の設立事例と法制度、政策を歴史的に明らかにした力作。
2. 田中良三他編（2016）『障がい者が学び続けるということ──生涯学習を権利として』新日本出版社
   障がいのある人々の学校卒業後の学びと成長の場を探り、展望を指し示す良書。
3. 永田佳之（2005）『オルタナティブ教育──国際比較に見る21世紀の学校づくり』新評論
   オルタナティブスクールがどのように容認、規制されているかを国際比較した秀作。

12　教育は貧困をなくせるか

1. 松本伊智朗・湯澤直美共編著（2019）『生まれ、育つ基盤──子どもの貧困と家族・社会』（シリーズ・子どもの貧困①）明石書店
   子どもの貧困問題を網羅する全5巻シリーズの第1巻。基本視座を提示する試み。
2. 松本伊智朗他編（2016）『子どもの貧困ハンドブック』かもがわ出版
   問題の基本理解やデータ、各地のさまざまな取り組みを紹介する基本文献。初学者向け。
3. 杉村宏（2010）『人間らしく生きる──現代の貧困とセーフティネット』左右社
   貧困と社会保障、公的扶助の歴史、現状を解説。放送大学テキスト。

あとがき

　本書は、北海道大学教育学部創立70周年記念事業の一環として、出版される。創立された1949年は、戦前の学制が改められ新制大学（現在の大学）が誕生した年である。戦前には学校教員の養成組織である「師範学校」があったが、大学において「教育」の研究を目的とした「教育学部」はなかった。戦後、新制大学の成立にあたって、「師範学校」は各地の国立大学の教育学部・学芸学部、学芸大学（教育大学）として再編されていく。同時に、北大を含むいくつかの大学は、教育それ自体を研究対象とする「教育学部」を設置することになる。

　教育は、社会的な生成物であると同時に、人間を対象とする営みである。人と人との間に存在する身近な実践活動であると同時に、国家による制度化と統制の対象となる。人の自由を拡大する営みにも、人を抑圧する権力装置にもなりうる。従って教育の研究は、社会の仕組みを研究する社会科学から、個別の人間に焦点を当てる生理学や心理学までの幅広い学問分野にまたがる。教える・学ぶといった過程から、学校や行財政という社会制度のあり方まで対象が広がる。そしてそれらの研究は、人権を尊重する理念に裏付けられている必要がある。

　本書が幅広い学問領域から構成され、教育学部という名前から想像される国語や数学といった「教科別」の構成になっていないのは、こうした「教育」を研究対象とする教育学部の成り立ちと、教育研究の学問上の性格による。これを反映して、現在の学部の組織構成は教育基礎論、教育社会科学、教育心理学、健康体育の4つの分野と附属子ども発達臨床研究センターからなっている。学部・大学院の概要やカリキュラム、最近の動向、教員の紹介等は、北海道大学教育学部のホームページをご覧頂きたい。

　通常、70周年記念出版と聞いて想起されるのは、過去の研究を総括し今後を展望するような内容である。しかし私たちは、こうした考え方をとらなかった。むしろ高校生、大学生や一般市民を念頭に、各教員が自身の研究のエッセンスを示す短い文章を執筆し、全体として教育学研究の意義や面白さ

を感じてもらえるものにしたいと考えた。執筆にあたって共有した方針は、それぞれの研究領域に往々にしてみられる根拠のない「先入観」や「常識」、「なんとなくそう思われていること」を取り上げ、研究成果に基づいてそれを覆す、あるいは視線をずらす作業を行うこと、それを通して「教育」に関する認識と世界を広げるとともに、「教育を研究すること」の面白さを伝えるということである。この試みが成功しているかどうかは、読者の判断にゆだねられる。

本書の執筆者39名は、すべて教育学部・教育学院（大学院）に所属する教員である。学部長の宮﨑隆志による序文「教育学への道程」を入れて、「レッスン40」としている。教育学部には研究推進委員会という組織があり、企画、編集を担当した。委員は石岡丈昇（2019年3月転出）、川田学、白水浩信、辻智子、松本伊智朗（委員長）、山仲勇二郎である。松本と白水が編者に名を連ねているが、編集作業は委員全員の共同で行われた。

本書の刊行にあたっては、明石書店の神野斉さん、編集実務を担当された板垣悟さんに大変お世話になった。教育学部教育研究支援室の田中翔さんには、提出原稿や校正ゲラの整理にご尽力を頂いた。田中さんの的確な作業によって、多数の執筆者による本書の編集をスムーズに行うことが可能になった。記して感謝申し上げる。

2019年7月

松本 伊智朗

索　引

[あ行]

ICF（国際生活機能分類）　26
愛着　79
アセスメント　30-33
アンダーマイニング効果　85
生きづらさ　71,120-23
生き抜く　22,25
育児不安　124-25
いじめ　14-16,157
異文化比較　146
移民・植民　134,137
ウィリアム・モリス　73
運動　19,42-45,52,54,56-57,60,62-63,73-74,77,
　100,102-03,112,117-18,121,142,145
エスニシティ　158-60
エスノグラフィー　80,83,116-17
education（語源）　72-74
大人　17,31,40,80-,83,124,126,142,-45,172,179
親のエンパワーメント　124,127

[か行]

階級・階層　158-61
回復　18,20-21,24,29,43,54
開放制　108
家計　162-64
家計管理　162-64
家族　30,32,78-80,82-83,93,95,124-27,145,149-50,
　162-65,168,175
家族規範　124,127
家族支援　30
家庭教育　76-79,124
からだ　12,48,49,54-58,62,80,100,103
カルチュラル・スタディーズ　62,64
カルチュラル・ターン　62,64-65
河原者　150,-52
関連性　96-97
外国語（英語）　96
外国人学校　176
学校外の学びの場　174,177
学習指導要領　101-02,138
学習障害　34,176
学生　17,23,30,66,100,104,106-09,111,136,142,144,
　162,164,172,177-80
学問　3,17,71,80,89,104-07,110-11,117,134,144,153,
　178
学問の自由　104-07,110
学校自治　112,115
記憶の風化　18-19
基礎・基本　88-90
後朝の歌　146-48
急進主義　62,64-65
教育格差　112-14
教育学　3-6,12-13,29,53,56,70-75,88-89,107,118-19,
　157,162,177-78
教育学（pedagogy）　74-75
教育機会の不平等　92-95,113
教育人類学　116-17,119
教育の機会均等　107,116-17
教育の自由　104,107
教育の正統性　112,114-15
教育費　94,162-65
教育を受ける権利　158,174-76
教員の専門的力量　108-10
教員養成の二大原則　108
境界領域　134,136
教科書　5,138-40,159
共生　26,29,119
競争　49,84-86,101,113,181
共通語　138-39,141
協働　5-6,31,120,122-23
共同行為　50,52
興味　84,86,91
近代家族モデル　124-25,127
筋疲労　42-45
義務教育制度　160,174,176
義務教育未修了者　174-75
業績主義　92-93,159
傀儡子　150
車椅子バスケットボール　58-61
ケア　19,22,24-25,76,79,120,123
現象学　88-89
公教育制度　174,176-77

恒常性維持　42
呼吸　44
国語　138-41,170
国際生活機能分類（ICF）　22,26,28,32,37
個人差　36-41,50-52
子育て　23,32,76,78-79,84,124-27,162-64,168
子育て支援　78,124,126-27
子どもが学ぶ主体である　91
子どもの貧困　113,178-80
雇用の仕組み　170

[さ行]

三歳児神話　79,125
視覚　28,30,34-35,38,60-61,77
視覚的注意　38
思春期　14,16-17
市民的自由　104-05,107
社会化　53,80-81,95,117
社会教育　120,123,156
社会神経科学　50,53
社会性　50-51,53
社会的秩序　12,54-57
社会的障壁　26,29
就職　135-37,145,170-71
主観性と客観性　30
障害児教育　175
障害者スポーツ　58-59,61
職場　154,166-69,171-73
植民地　132,137,159-60
新教育運動　74,112
新自由主義教育改革　112-15
身体　11-14,17,19-20,37-38,42,44-45,48,58-65,94,
　　101,133
身体運動　42,45
身体技法　54-57
心理検査　30-32
進路指導　171-72
ジェンダー　158-60
時間生物学　46
自己責任　23,178-80
自殺　14
自主夜間中学校　176
実証性と実践性　30
授業規律　88-91

授業を研究する　88-89
女性管理職　166-67,169
ストレス　18,31,46,48-49,125,173
ストレス反応　46,48-49
スポーツ　42,45,58-65,100-03
精神障害　22-25
生体リズム　46-47
青年　116,121,135,142-45,176
成年儀礼　142-44
生物時計　46-49
性別役割分業　166,168-69
生理的早産　77
先住民族　117-18,134,136,160
属性主義　92-93
属性に支えられた業績主義　92-93

[た行]

体育　12,30,54-57,100-03
他者　5,14,17-18,39,50-53,58,60-61,76,78,111,
　　123,127,132-33
多様性　22-25,38,55,71,118,159
多様性を認め　22-23
大学における教員養成　108,110-11
男女平等　166,168-69
男性の働き方の見直し　166,169
地域格差　158,160-61
小さな池の大きな魚効果　85
中心／周縁　134,137
定住民　150,152
出口指導　170-71
特別支援教育　26,29
トラウマ　13,18-21
動機づけ　71,84-86
dawn songs　146,148-49
読字能力　34-35

[な行]

日本の少数民族　116,119
ニューレフト　62,64-65
認識枠組　154,156-57
認知神経科学　38
ネガティブ・ケイパビリティ　22,24
年齢　14,31-32,39,142-43,167,174,177
脳　12-13,21,34-41,43-44,50-53,62,77

脳機能　34-36,51,53
脳波　13,38,40
能力　20,22,26-27,30,32,34-37,51,55,59-60,71-77,84,86,92-93,107,110,114,123,158,168,171,181

　　　　　　　［は行］
発達　6,12,14-18,29-37,39,41,51,76-80,112,165
発達性ディスレクシア　34-37
発達臨床　30-31
塙保己一　150,153
場所を指示する表現　96,99
比較　17,85,146,148
漂泊民　150-52
貧困　112-14,117,126,158-59,162,175,178-81
福祉型大学　176
社会的不平等　158-59,161
フリースクール　176
文化装置　154,156
文化的に適切な教育　116,118-19
文法指導　96
辺境　83,121,134
保育　76,78-79,126-27,167
保育所　79,167
方言　138-41

方言札　138,140-41
報酬　84-85

　　　　　　　［ま行］
学びの共同体　88-90
未熟さ　76-77
箕作麟祥　72
名詞句　96-99
メイヤロフ　24
メディア　132,152,154-57
目の見えないアスリート　58,60
メンバーシップ型社会　170-71
問題行動　14,16,90

　　　　　　　［や行］
夜間中学校　175-77
良い授業　88-91

　　　　　　　［ら行］
歴史認識　134,137

　　　　　　　［わ行］
若者　17,120,142-45,148,160,173,176

執筆者紹介 （執筆順、＊は編者）

宮﨑 隆志＊（みやざき たかし） 研究分野：社会教育学、北海道大学大学院教育学研究院教授、博士（教育学）、北海道大学大学院教育学研究科博士後期課程中退、主著：佐藤一子編著『地域学習の創造』（東京大学出版会、2015）

加藤 弘通（かとう ひろみち） 研究分野：発達心理学、北海道大学大学院教育学研究院准教授、博士（心理学）、中央大学大学院文学研究科博士後期課程単位取得後退学、主著：『問題行動と学校の荒れ』（ナカニシヤ出版、2007）

渡邊 誠（わたなべ まこと） 研究分野：臨床心理学、北海道大学大学院教育学研究院准教授、修士（教育学）、北海道大学大学院教育学研究科教育学専攻修士課程修了、主著：「臨床心理学における事例研究の位置づけと課題」『看護研究』50 巻 5 号（2017）

松田 康子（まつだ やすこ） 研究分野：臨床心理学、北海道大学大学院教育学研究院教授、博士（教育学）、北海道大学大学院教育学研究科博士課程修了、博士課程中退、主著：『青年期を生きる精神障害者へのケアリング』（北海道大学出版会、2006）

安達 潤（あだち じゅん） 研究分野：特殊教育・臨床心理学、北海道大学大学院教育学研究院教授、修士（教育学）、北海道大学大学院教育学研究科博士後期課程単位取得退学、主著：「学齢期の理解と支援――特別ではない特別支援教育をめざして（発達障害の臨床的理解と支援）」（共編著、金子書房、2009）

岡田 智（おかだ さとし） 研究分野：発達臨床論、北海道大学大学院教育学研究院附属子ども発達臨床研究センター 准教授、博士（教育学）、東京学芸大学大学院連合学校教育学研究科博士課程修了、主著：加藤弘通・岡田智『はじめてよむ発達心理・発達相談の本』（ナツメ社、2019）

関 あゆみ（せき あゆみ） 研究分野：小児神経学・特別支援教育、北海道大学大学院教育学研究院准教授、博士（医学）、鳥取大学大学院医学系研究科博士課程修了、主著：Functional MRI Studies on Japanese Orthographies: Studies in Reading Development and Reading Difficulties, in: Dyslexia Across Languages: Orthography and the Brain-Gene-Behavior Link (McCardle P, Lee JR, Tzeng O, and Miller B, eds) (Paul H.Brookes Publishing Co, 2011)

河西 哲子（かさい てつこ） 研究分野：認知神経科学、北海道大学大学院教育学研究院准教授、博士（教育学）、北海道大学大学院教育学研究科博士課程、主著：Attention-spreading based on hierarchical spatial representations for connected objects (Journal of Cognitive Neuroscience, 22, 12-33, 2010)

柚木 孝敬（ゆのき たかひろ） 研究分野：運動生理学、北海道大学大学院教育学研究院准教授、博士（教育学）、北海道大学大学院教育学研究科博士後期課程修了、主著：Mental processes and breathing during exercise (J Phys Fitness Sports Med, 1: 357-362, 2012)

山仲 勇二郎（やまなか ゆうじろう） 研究分野：時間生物学、北海道大学大学院教育学研究院准教授、北海道大学大学院医学研究科生体機能学専攻統合生理学講座博士後期課程修了、博士（医学）、主著：『体内時計の科学と産業応用』（株式会社シナジー、2012 年）、『からだと温度の事典』（朝倉書店、2010）

執筆者紹介

阿部 匡樹（あべ まさき）　研究分野：運動制御学・認知科学、北海道大学大学院教育学研究院准教授、博士（教育学）、北海道大学大学院教育学研究科博士課程単位取得退学、主著：Neural correlates of online cooperation during joint force production（Abe et al., *NeuroImage*, 191:150-161, 2019）

石岡 丈昇（いしおか とものり）　研究分野：社会学、日本大学文理学部准教授、博士（学術）、筑波大学大学院人間総合科学研究科単位取得退学、主著：『ローカルボクサーと貧困世界——マニラのボクシングジムにみる身体文化』（世界思想社、2012）　※2019年3月に北大教育学部より転出

山崎 貴史（やまさき たかし）　研究分野：福祉スポーツ論、北海道大学大学院教育学研究院助教、博士（学術）、筑波大学大学院人間総合科学研究科博士課程修了、主著：「パラリンピックに向けた都市のバリアフリー化とジェントリフィケーション」田中暢子・澤江幸則・渡正・内田匡輔編『障害者スポーツのジレンマ』（大修館書店、2019近刊）

池田 恵子（いけだ けいこ）　研究分野：イギリススポーツ史、日英比較スポーツ史、北海道大学大学院教育学研究院教授、博士（学術）、奈良女子大学大学院人間文化研究科比較文化学専攻博士課程修了、主著：『前ヴィクトリア時代のスポーツ』（不昧堂出版、1996）

白水 浩信*（しろうず ひろのぶ）　研究分野：教育思想、北海道大学大学院教育学研究院准教授、博士（教育学）、東京大学大学院教育学研究科博士課程修了、主著：『ポリスとしての教育』（東京大学出版会、2004）

川田 学（かわた まなぶ）　研究分野：発達心理学、保育・幼児教育、北海道大学大学院教育学研究院附属子ども発達臨床研究センター准教授、博士（心理学）、東京都立大学大学院人文科学研究科心理学専攻博士課程単位取得退学、主著：『乳児期における自己発達の原基的機制』（ナカニシヤ出版、2014）

伊藤 崇（いとう たかし）　研究分野：言語発達論、教育心理学、北海道大学大学院教育学研究院准教授、博士（心理学）、筑波大学大学院心理学研究科単位取得後退学、主著：『子どもの発達とことば』（ひつじ書房、2018）

大谷 和大（おおたに かずひろ）　研究分野：教育心理学、北海道大学大学院教育学研究院助教、博士（人間科学）、大阪大学大学院人間科学研究科博士後期課程退学、主著：Beyond Intelligence: A meta-analytic review of the relationship among metacognition, intelligence, and academic performance（*Metacognition and Learning*, 13, 179-212, 2018）

守屋 淳（もりや じゅん）　研究分野：学習・授業論、北海道大学大学院教育学研究院教授、修士（教育学）、東京大学大学院教育学研究科博士課程単位取得満期退学、主著：『子どもとともに育つ「技」』（編著、ぎょうせい、2006）

上山 浩次郎（うえやま こうじろう）　研究分野：教育社会学、北海道大学大学院教育学研究院助教、博士（教育学）、北海道大学大学院教育学院博士課程修了、主著：「『大学立地政策』の『終焉』の影響に関する政策評価的研究」『教育社会学研究』91号（95-116、2012）

大竹 政美（おおたけ まさみ）　研究分野：教育方法学、北海道大学大学院教育学研究院准教授、教育学修士、北海道大学大学院教育学研究科博士課程単位取得退学、主著：「目標言語とその使用の特殊性を捉えようと試みる教育内容構成論に関するノート」『北海道大学教育学部紀要』63

号（137-141、1994）

崎田 嘉寛（さきた よしひろ）　研究分野：体育方法、北海道大学大学院教育学研究院准教授、博士（教育学）、広島大学大学院教育学研究科博士課程単位修得退学、主著：『戦後初期学校体育の研究』（溪水社、2009）

光本　滋（みつもと しげる）　研究分野：高等教育論、北海道大学大学院教育学研究院准教授、修士（教育学）、中央大学大学院博士後期課程単位取得退学、主著：『新自由主義大学改革』（共編著、東信堂、2014）

張　揚（ちょう よう）　研究分野：教師教育、北海道大学大学院教育学研究院助教、博士（教育学）、筑波大学大学院人間総合科学研究科博士後期課程修了、主著：『現代中国の「大学における教員養成」への改革に関する研究』（学文社、2014）

篠原 岳司（しのはら たけし）　研究分野：学校経営論、北海道大学大学院教育学研究院准教授、博士（教育学）、北海道大学大学院教育学研究科博士課程修了、主著：「分散型リーダーシップに基づく教育ガバナンスの理論的再構築」『教育学研究』Vol. 80-2（185-196、2013）

Gayman, Jeffry（ジェフリー・ゲーマン）　研究分野：教育人類学、北海道大学大学院教育学院および北海道大学大学院メディア・コミュニケーション研究院教授、博士（教育学）、九州大学人間環境学府博士後期課程単位取得後退学、主著：Ainu Puri: Content and Praxis of an Indigenous Philosophy of a Northern People, John Petrovic and Roxanne Mitchell (ed.), *Indigenous Philosophies of Education Around the World* (Routledge, 2018)

丸山 美貴子（まるやま みきこ）　研究分野：社会教育学、北海道大学大学院教育学研究院助手、修士（教育学）、北海道大学大学院教育学研究科博士課程修了、主著：「働く母親の学習課題と機会をめぐる一考察」『社会教育研究』36号（2018年）

北村 嘉恵（きたむら かえ）　研究分野：教育史、北海道大学大学院教育学研究院准教授、博士（教育学）、京都大学大学院教育学研究科博士課程中退、主著：『日本植民地下の台湾先住民教育史』（北海道大学出版会、2008）

近藤 健一郎（こんどう けんいちろう）　研究分野：日本教育史、北海道大学大学院教育学研究院准教授、博士（教育学）、北海道大学大学院教育学研究科博士後期課程修了、主著：『近代沖縄における教育と国民統合』（北海道大学出版会、2006）

辻　智子（つじ ともこ）　研究分野：青年期教育論、北海道大学大学院教育学研究院准教授、博士（学術）、お茶の水女子大学大学院博士課程人間文化研究科単位取得満期退学、主著：『繊維女性労働者の生活記録運動──1950年代サークル運動と若者たちの自己形成』（北海道大学出版会、2015）

寺田 龍男（てらだ たつお）　研究分野：比較言語文化論、北海道大学大学院教育学研究院および北海道大学大学院メディア・コミュニケーション研究院教授、修士（文学）、北海道大学大学院文学研究科博士後期課程満期退学、主著：「多文化理解論の実践──東西後朝考」『北海道大学大学院教育学研究院紀要』127号（2016）

保延 光一（ほのべ こういち）　研究分野：応用民俗身体知、北海道大学大学院教育学研究院准教授、筑波大学大学院体育研究科修了（体育学修士）

執筆者紹介

土田 映子（つちだ えいこ）　研究分野：アメリカ地域研究、北海道大学大学院教育学院および北海道大学大学院メディア・コミュニケーション研究院准教授、Ph. D.、シカゴ大学大学院社会科学研究科教育学専攻修了、主著：「民族／国民への帰属、階級への帰属――シカゴの「スウェーディッシュ教育同盟」（1915-1956）の歴史から」弘末雅士編『越境者の世界史　奴隷・移住者・混血者』（春風社、2013）

小内　透（おない とおる）　研究分野：教育社会学、北海道大学大学院教育学研究院教授、博士（教育学）、北海道大学大学院教育学研究科博士後期課程単位取得退学、主著：『教育と不平等の社会理論』（東信堂、2005）

鳥山 まどか（とりやま まどか）　研究分野：教育福祉論、北海道大学大学院教育学研究院准教授、博士（教育学）、北海道大学大学院教育学研究科博士後期課程修了、主著：『「子どもの貧困」を問いなおす――家族・ジェンダーの視点から』（松本伊智朗編、法律文化社、2017）

駒川 智子（こまがわ ともこ）　研究分野：労働社会学、北海道大学大学院教育学研究院准教授、修士（経済学）、一橋大学大学院社会学研究科博士課程単位取得退学、主著：藤原千沙・山田和代編『女性と労働』（労働再審③）（共著、大月書店、2011）

上原 慎一（うえはら しんいち）　研究分野：産業教育、北海道大学大学院教育学研究院教授、博士（教育学）、北海道大学大学院教育学研究科博士課程修了、主著：『鉄鋼業の労働編成と能力開発』（共著、御茶の水書房、2008）

横井 敏郎（よこい としろう）　研究分野：教育行政学、北海道大学大学院教育学研究院教授、文学修士、立命館大学大学院文学研究科博士課程単位取得退学、主著：『教育行政学（改訂版）――子ども・若者の未来を拓く』（八千代出版、2017）

松本 伊智朗*（まつもと いちろう）　研究分野：教育福祉論、北海道大学大学院教育学研究院教授、教育学修士、北海道大学大学院教育学研究科博士後期課程中退、主著：『子どもの貧困――子ども時代のしあわせ平等のために』（共編著、明石書店、2008）

編者一覧

北海道大学教育学部
www.edu.hokudai.ac.jp

宮﨑 隆志＊
　北海道大学大学院教育学研究院教授

松本 伊智朗＊
　北海道大学大学院教育学研究院教授

白水 浩信＊
　北海道大学大学院教育学研究院准教授

＊詳細は執筆者紹介欄を参照

ともに生きるための
教育学へのレッスン40
――明日を切り拓く教養

2019年8月10日　初版第1刷発行

編　者	北海道大学教育学部
	宮﨑 隆志
	松本 伊智朗
	白水 浩信
発行者	大江 道雅
発行所	株式会社 明石書店

〒101-0021 東京都千代田区外神田6-9-5
　　　　電話　03（5818）1171
　　　　FAX　03（5818）1174
　　　　振替　00100-7-24505
　　　　http://www.akashi.co.jp

装　丁　　明石書店デザイン室
印刷／製本　モリモト印刷株式会社

（定価はカバーに表示してあります）　　ISBN978-4-7503-4882-7

[JCOPY]〈出版者著作権管理機構 委託出版物〉
本書の無断複写は著作権法上での例外を除き禁じられています。複製される場合は、そのつど事前に、出版者著作権管理機構（電話 03-5244-5088、FAX 03-5244-5089、e-mail: info@jcopy.or.jp）の許諾を得てください。

フィンランドの子どもを支える学校環境と心の健康
子どもにとって大切なことは何か
松本真理子、ソイリ・ケスキネン編著
◎2000円

海と空の小学校から 学びとケアをつなぐ教育実践
自尊感情を育むカリキュラム・マネジメント
沖縄・八重山学びのゆいまーる研究会編
村上呂里、山口剛史、辻雄二、望月道浩編著
◎2000円

社会情動的スキル 学びに向かう力
経済協力開発機構（OECD）編著
ベネッセ教育総合研究所企画・制作
無藤隆、秋田喜代美監訳
◎3600円

3000万語の格差
赤ちゃんの脳をつくる、親と保育者の話しかけ
ダナ・サスキンド著 掛札逸美訳 高山静子解説
◎1800円

教師と人権教育
公正、多様性、グローバルな連帯のために
オードリー・オスラー、ヒュー・スターキー著
藤原孝章、北山夕華監訳
◎2800円

ヴィゴツキー評伝 その生涯と創造の軌跡
明石ライブラリー 165 広瀬信雄著
◎2700円

前川喜平 教育のなかのマイノリティを語る
高校中退・夜間中学・外国につながる子ども・LGBT・沖縄の歴史教育
前川喜平、青砥恭、関本保孝、善元幸夫、金井景子、新城俊昭著
◎1500円

自分の"好き"を探究しよう！
お茶の水女子大学附属中学校「自主研究」のすすめ
お茶の水女子大学附属中学校編
◎1600円

沖縄の保育・子育て問題
子どものいのちと発達を守るための取り組み
浅井春夫、吉葉研司編著
◎2300円

子どもの貧困白書
子どもの貧困白書編集委員会編
◎2800円

福祉・保育現場の貧困 人間の安全保障を求めて
浅井春夫、金澤誠一編著
◎2300円

現代日本の「見えない」貧困
生活保護受給母子世帯の現実
浅井春夫、松本伊智朗、湯澤直美編
◎2800円

現代日本の貧困観 「見えない貧困」を可視化する
明石ライブラリー 52 青木紀編著
◎2800円

子どもの貧困 子ども時代のしあわせ平等のために
明石ライブラリー 137 青木紀著
◎2300円

現代の貧困と不平等 日本・アメリカの現実と反貧困戦略
明石ライブラリー 105 青木紀、杉村宏編著
◎3000円

格差・貧困と生活保護 「最後のセーフティネット」の再生に向けて
杉村宏編著
◎1800円

〈価格は本体価格です〉

未来への学力と日本の教育

- 希望をつむぐ学力　未来への学力と日本の教育① 久冨善之、田中孝彦編著 ◎2400円
- 習熟度別授業で学力は育つか　未来への学力と日本の教育② 梅原利夫、小寺隆幸編著 ◎2400円
- フィンランドに学ぶ教育と学力　未来への学力と日本の教育③ 庄井良信、中嶋博編著 ◎2000円
- ことばの教育と学力　未来への学力と日本の教育④ 秋田喜代美、石井順治編著 ◎2800円
- ニート・フリーターと学力　未来への学力と日本の教育⑤ 佐藤洋作、平塚眞樹編著 ◎2400円
- 世界をひらく数学的リテラシー　未来への学力と日本の教育⑥ 鬼沢真之、佐藤隆編著 ◎2400円
- 学力を変える総合学習　未来への学力と日本の教育⑦ 小寺隆幸、清水美憲編著 ◎2600円
- 貧困と学力　未来への学力と日本の教育⑧ 岩川直樹、伊田広行編著 ◎2500円
- 世界の幼児教育・保育改革と学力　未来への学力と日本の教育⑨ 泉千勢、一見真理子、汐見稔幸編著 ◎2600円
- 揺れる世界の学力マップ　未来への学力と日本の教育⑩ 佐藤学、澤野由紀子、北村友人編著 ◎2600円
- 社会　授業づくりで変える高校の教室① 井ノ口貴史、子安潤、山田綾編著 ◎1800円
- 国語　授業づくりで変える高校の教室② 竹内常一編著 ◎1800円
- 英語　授業づくりで変える高校の教室③ 小島昌世編著 ◎1400円
- 理科　授業づくりで変える高校の教室④ 川勝博編著 ◎1800円
- フィンランドの算数・数学教育　「個の自立」と「活用力の育成」を重視した学び 熊倉啓之編著 ◎2200円
- こんなに違う！アジアの算数・数学教育　日本・ベトナム・インドネシア・ミャンマー・ネパールの教科書を比較する 田中義隆著 ◎3400円

〈価格は本体価格です〉

若者のキャリア形成
経済協力開発機構（OECD）編著　菅原良、福田哲哉、松下慶太監訳
スキルの獲得から就業力の向上、アントレプレナーシップの育成へ
◎3700円

TIMSS2015 算数・数学教育／理科教育の国際比較
竹内一真、佐々木真理、橋本諭、神崎秀嗣、奥原俊訳
国際数学・理科教育動向調査の2015年調査報告書
◎4500円

生きるための知識と技能6
国立教育政策研究所編
OECD生徒の学習到達度調査（PISA）2015年調査国際結果報告書
◎3700円

PISA2015年調査 評価の枠組み
経済協力開発機構（OECD）編　国立教育政策研究所監訳
OECD生徒の学習到達度調査
◎3700円

アートの教育学
篠原康正、篠原真子、袰岩晶訳
革新型社会を拓く学びの技
◎3700円

メタ認知の教育学
OECD教育研究革新センター編著　篠原康正、篠原真子、袰岩晶訳
生きる力を育む創造的数学力
◎3600円

学びのイノベーション
OECD教育研究革新センター編著　有本昌弘監訳　多々納誠子訳　小熊利江訳
21世紀型学習の創発モデル
◎4500円

多様性を拓く教師教育
OECD教育研究革新センター編著　斎藤里美監訳　三浦綾希子、藤浪海訳　布川あゆみ、本田伊克、木下江美訳
多文化時代の各国の取り組み
◎4500円

21世紀型学習のリーダーシップ
OECD教育研究革新センター編著　木下江美、布川あゆみ監訳　斎藤里美、本田伊克、大西公恵、三浦綾希子、藤浪海訳
イノベーティブな学習環境をつくる
◎4500円

21世紀のICT学習環境
経済協力開発機構（OECD）編　国立教育政策研究所監訳
生徒・コンピュータ・学習を結び付ける
◎3700円

教員環境の国際比較
国立教育政策研究所編
OECD国際教員指導環境調査（TALIS）2013年調査結果報告書
◎3500円

諸外国の初等中等教育
文部科学省編著
◎3600円

諸外国の教育動向 2018年度版
文部科学省編著
◎3600円

図表でみる教育
経済協力開発機構（OECD）編著　徳永優子、稲田智子、大村有里、坂本千佳子、立木勝、松尾恵子、三井理子、元村まゆ訳
OECDインディケータ（2018年版）
◎8600円

主観的幸福を測る
経済協力開発機構（OECD）編　桑原進、高橋しのぶ訳
OECDガイドライン
◎5400円

OECD幸福度白書4
OECD編著　西村美由起訳
より良い暮らし指標：生活向上と社会進歩の国際比較
◎6800円

〈価格は本体価格です〉

教員政策と国際協力 未来を拓く教育をすべての子どもに
興津妙子、川口純編著　◎3200円

地図でみるアイヌの歴史 縄文から現代までの1万年史
平山裕人著　◎3800円

グローバル化のなかの異文化間教育 異文化間能力の考察と文脈化の試み
西山教行、大木充編著　◎2400円

新 多文化共生の学校づくり 横浜市の挑戦
山脇啓造、服部信雄編著　横浜市教育委員会、横浜市国際交流協会協力　◎2400円

幼児教育と「こども環境」 豊かな発達と保育の環境
氏原陽子、倉賀野志郎、くしろせんもん学校、幼児の「環境」研究グループ編著　◎2000円

外国人児童生徒受入れの手引[改訂版]
文部科学省総合教育政策局男女共同参画共生社会学習・安全課編著　◎800円

色から始まる探究学習 アートによる自分づくり・学校づくり・地域づくり
「地域の色・自分の色」実行委員会、秋田喜代美編著　◎2200円

ジェンダーについて大学生が真剣に考えてみた あなたがあなたらしくいられるための29問
佐藤文香監修　一橋大学社会学部佐藤文香ゼミ生一同著　◎1500円

ドイツの道徳教科書 5、6年実践哲学科の価値教育
ローラント・ヴォルフガング〈ヘア編集代表　濱谷佳奈監訳　栗原麗羅、小林亜未訳　◎2800円

世界の教科書シリーズ㊻ スタディツアーの理論と実践 オーストラリア先住民との対話から学ぶフォーラム型ツアー
友永雄吾著　◎2200円

反転授業が変える教育の未来 生徒の主体性を引き出す授業への取り組み
反転授業研究会編　芝池宗克、中西洋介著　◎2000円

21世紀型スキルとは何か コンピテンシーに基づく教育改革の国際比較
松尾知明著　◎2800円

21世紀型スキルと諸外国の教育実践 求められる新しい能力育成
田中義隆著　◎3800円

授業づくりで子どもが伸びる、教師が育つ、学校が変わる 授業づくり・学校づくりセミナーにおける「協同的学び」の実践
石井順治編著　小畑公志郎、佐藤雅彰著　◎2000円

2017小学校学習指導要領の読み方・使い方 「術」「学」で読み解く教科内容のポイント
大森直樹、中島彰弘編著　◎2200円

2017中学校学習指導要領の読み方・使い方 「術」「学」で読み解く教科内容のポイント
大森直樹、中島彰弘編著　◎2200円

〈価格は本体価格です〉

シリーズ 子どもの貧困
【全5巻】

松本伊智朗【シリーズ編集代表】

◎A5判／並製／◎各巻 2,500円

① **生まれ、育つ基盤**
子どもの貧困と家族・社会
松本伊智朗・湯澤直美 [編著]

② **遊び・育ち・経験** 子どもの世界を守る
小西祐馬・川田学 [編著]

③ **教える・学ぶ** 教育に何ができるか
佐々木宏・鳥山まどか [編著]

④ **大人になる・社会をつくる**
若者の貧困と学校・労働・家族
杉田真衣・谷口由希子 [編著]

⑤ **支える・つながる**
地域・自治体・国の役割と社会保障
山野良一・湯澤直美 [編著]

〈価格は本体価格です〉